In Erinnerung an meinen Papa –
die Liebe zu Büchern verdanke ich allein ihm und Mama!

Impressum

Bibliografische Information der Deutschen Nationalbibliothek
Die Deutsche Nationalbibliothek verzeichnet diese Publikation
in der Deutschen Nationalbibliografie; detaillierte bibliografische
Daten sind im Internet über http://dnb.d-nb.de abrufbar.

© 2022 Verlag Anton Pustet
Bergstraße 12, 5020 Salzburg
Sämtliche Rechte vorbehalten.

Lektorat: Markus Weiglein
Grafik und Produktion: Nadine Kaschnig-Löbel
Coverbild: Michael Rosskothen/shutterstock.com
Illustration: Marthe Van de Staey, Martin Graf-Schwarz
Druck: FINIDR, s.r.o.
gedruckt in der EU

ISBN 978-3-7025-1059-6

auch als eBook erhältlich:
eISBN 978-3-7025-8099-5

www.pustet.at

Dem Einsatz vereinzelter kurzer Zitate liegt eine intensive Phase der Rechteabklärung seitens des Autors mit anderen Verlagen bzw. den jeweiligen Rechteinhaber*innen zugrunde. Trotz der intensiven Bemühungen kann es sein, dass nicht alle Rechteinhaber*innen ausfindig gemacht werden konnten. Bei begründeten Forderungen bezüglich des Urheberrechts wird gebeten, sich mit dem Autor oder dem Verlag in Verbindung zu setzen. Berechtigte Ansprüche, die nachträglich bekannt gemacht werden, werden im Rahmen der üblichen Vereinbarungen abgegolten.

Roland Schwarz

Mit Moby Dick aufs Containerschiff

Wie Bücher unser Leben verändern

VERLAG ANTON PUSTET

Inhalt

9 Vorwort
Von der lebensverändernden Macht und Magie der Bücher

Aufbruch zu neuen Horizonten

14 Mit Moby Dick aufs Containerschiff
Herman Melville und **Moby Dick**

22 Von Rivendell nach Ried im Innkreis
J. R. R. Tolkien und **Der Herr der Ringe**

29 Von Rudolfsheim nach Rishikesh
Hermann Hesse und **Siddhartha**

37 Von Rohrbach nach Rapa Nui
Christoph Ransmayr und der **Atlas eines ängstlichen Mannes**

43 Sprachkurs in Hogwarts
J. K. Rowling und **Harry Potter**

50 Telegraph Highway
Unterwegs mit Mark Twain, John Steinbeck und Jack Kerouac

60 Keep on Rocking
Bruce Dickinson und seine Autobiografie
What Does This Button Do?

Von Südseeabenteurern, Astrophysikern und Nobelpreisträgerinnen

    67 **Der verschmähte Englischlehrer**
           Margaret Atwoods **Der Report der Magd** und
           die Reden des Poeten und Politikers Václav Havel

    75 **Geschichtsunterricht von unten**
           Swetlana Alexijewitsch und **Secondhand-Zeit**

    80 **Tiefenentspannung auf den Cookinseln**
           Robert Louis Stevenson und seine Südsee-Tagebücher

    89 **Die Pferdeflüsterin**
           Jack London und **Wolfsblut**

    95 **Über das Universum an die Universität**
           Stephen Hawking und **Eine kurze Geschichte der Zeit**

   102 **Politische Bildung am Bauernhof**
           George Orwell und **Farm der Tiere**

Auf der Suche

   108 **Post-mortem Gambit**
           Stefan Zweig und **Die Schachnovelle**

   115 **Treffpunkt Schlachthof**
           Christiane F. und **Wir Kinder vom Bahnhof Zoo**

121 **Echte Knickerbocker lassen niemals locker**
Thomas Brezina und die **Knickerbocker-Bande**

126 **Die Schranken der Freiheit**
Marlen Haushofer und **Die Wand**

131 **Von Vampiren, Massagesalons und leeren Gräbern**
Bram Stoker und **Dracula**

138 **Ärztin aus Leidenschaft**
Elaine N. Aron und **Sind Sie hochsensibel?**

Heilkraft und Unsterblichkeit der Lyrik

143 **Lawson's Creek**
Henry Lawson und seine Outback-Gedichte

150 **Abschiedslektüre**
Die Gedichte von Emily Dickinson

156 **Der Kastanienbaum**
Die Naturlyrik von John Clare

164 **Byronische Balz am Bosporus**
Die Liebesgedichte von Lord Byron

172 **Eine Sternstunde der Menschheit**
Johann Wolfgang von Goethe und die **Marienbader Elegie**

Liebe und andere Leidenschaften

179 **Sky Lounge**
Emily Brontë und Sturmhöhe

187 **Thai in Vindobona**
Thomas Mann und Der Tod in Venedig

195 **Das Dilemma des böhmischen Lebemannes**
John Fowles und Die Geliebte des französischen Leutnants

203 **Nicht über die Türschwelle!**
Francesco Petrarca und seine Canzoniere,
Andrew Marvell und seine Carpe-Diem-Gedichte

211 **Von der Wüste über die Wolken**
Die Lyrik von Edgar Allan Poe

220 **Nachwort, Danksagung**

222 **Literatur und Quellen**

Vorwort

Von der lebensverändernden Macht und Magie der Bücher

August 2013
Im Hemingway Museum in Oak Park am Rande von Chicago, wo ich einen Teil meines Sommers verbrachte, brach ein junger Mann vor mir regelrecht zusammen. Tränen kullerten über sein Gesicht. Als ich ihn fragte, ob er Hilfe brauche, zeigte er bloß auf die Glasvitrine vor sich, die einige Fotos, Briefe und Zitate von Ernest Hemingway zur Schau stellte. Relativ zentral, darauf hatte er seinen Zeigefinger gerichtet, stach eine Aussage aus dessen Zeit an der High School hervor: „My name is Ernest Miller Hemingway – I intend to travel and write."

„Ich weiß", sagte ich, bemüht, nicht sarkastisch zu klingen. „Es ist bewegend, was diese Genies bereits in jungen Jahren von sich geben. Prophetisch!"
„Ach was, prophetisch. Bullshit. Ersetzen Sie Ernest Miller Hemingway mit jedem beliebigen Namen jedes zweiten High-School-Absolventen – es wäre kein Plagiat. Fast jeder hat doch diesen Traum irgendwann einmal."

„Und diese Erkenntnis rührt Sie so zu Tränen?", war ich doch etwas verdutzt.
„Er hat meinen Traum gelebt, verstehen Sie nicht? *Meinen* Traum."
„Ich kann Sie beruhigen. Erstens sind Sie nicht der Einzige hier, der gerne Schriftsteller geworden wäre. Zweitens sind Sie noch jung, der Traum lebt ja noch! Und drittens – sehen Sie sich doch um in diesem Museum: Möchten Sie wirklich fünf Kriege miterleben, nur um etwas Stoff zum Schreiben zu gewinnen?"
Ich weiß heute nicht mehr, warum ich diese Frage so spontan ausgesprochen hatte, sie klingt ja ziemlich düster. Vielleicht weil mir die Tatsache, dass Hemingway tatsächlich fünf Kriege miterlebt hatte, Angst einflößte. Vielleicht weil mir das alte Sprichwort „Der Krieg ist der Vater aller Dinge" durch den Kopf spukte. Mein Einwand zeigte auf den jungen Mann, der sich mittlerweile ein bisschen beruhigt und aufgerappelt hatte, jedenfalls durchaus Wirkung.
„Sie haben ja recht. Es geht mir eigentlich viel zu gut … Ich lebe in einem Reihenhaus in Ann Arbor, spiele zweimal pro Woche Basketball, lasse mir dienstags und freitags Pizza ins Haus liefern und schaue abends mit meiner Freundin Fernsehserien. Mein Gott, ein langweiligeres Leben gibt es ja wohl nicht … Ich muss weg!"

Ein paar Wochen später, ich war bereits wieder zurück in Österreich, erreichte mich ein Brief des jungen Mannes, mit dem ich noch im Hemingway-Haus meine Kontaktdaten ausgetauscht hatte. Er gab kurz und stolz bekannt, dass er sich von seiner Freundin eine Auszeit genommen, sein Netflix-Abo gekündigt, unbefristeten und unbezahlten Urlaub genommen habe und nunmehr lediglich mit Zelt, Schlafsack und Notizblock auf dem Appalachian Trail unterwegs sei. Ich war überrascht und gleichermaßen beeindruckt – was für ein mutiger Schritt! Es ist ja unbestritten, dass die Muse bevorzugt jene küsst, die sich ganz und gar auf ihre innere Stimme konzentrieren: herausgerissen aus den normalen Lebensumständen und nicht abgelenkt durch Banalitäten. Das ist wohl der Grund, weshalb viele Dichterinnen und Dichter die Einsamkeit bevorzugen. Man denke nur an die größte aller amerikanischen Lyrikerinnen, Emily Dickinson, die sich über ihr ganzes Erwachsenenleben hinweg mehr oder weniger ins Haus zurückzog, nur um sich der Poesie hinzugeben. Anderen wiederum kommen die besten Gedanken beim Spazieren, beim Wandern – wenn sie einfach nur einen Fuß vor den anderen setzen und die Gedanken schweifen lassen. Der vorhin erwähnte über 3 000 Kilometer lange Pfad ist einer der längsten Wanderwege der Welt. Er zieht sich quer durch das vom Norden nach Süden verlaufende Mittelgebirge im Osten der USA. Fände mein neuer Bekannter dort vielleicht keine Inspiration, so aber doch bestimmt Einsamkeit und malerische Landschaften. Er plane, schrieb er mir damals, bereits einen epischen Roman über seine Reise. Ich freute mich mit ihm – und beneidete ihn gleichfalls.

September 2013
Noch während der ersten Schulwoche legte ich meinem Vorgesetzten, dem Direktor, ein Ansuchen für ein Sabbatical auf den Tisch, und ich fühlte mich richtig gut dabei. So hatte die Begegnung in jenem Haus, in dem einer der größten Erzähler aller Zeiten geboren wurde, eine tiefere Bedeutung für mich. Ohne den Brief des ergriffenen jungen Mannes hätte ich dieses Schreiben wohl nie verfasst. Ich wusste, auch wenn ich tausende Kilometer gehen sollte,

auch wenn ich Monate einsam in einer Hütte verbringen und trotzdem niemals irgendwo eine Zeile von mir publiziert werden würde, so hatte ich dennoch die richtige Entscheidung getroffen. *My name is Roland Schwarz. I intend to travel and write.*

2021/22

Acht ereignisreiche Jahre sind ins Land gezogen – turbulente, schöne, leidenschaftliche, verwirrende, abenteuerliche. Ich habe viele Schritte getan, in mehreren Ländern gelebt und bin Menschen begegnet, die mir von ihrem Leben und der Macht und Magie der Bücher erzählt haben. So habe ich etliche spannende, erheiternde und denkwürdige Anekdoten und Geschichten, die ich im Laufe der Zeit auf verschiedenen Erdteilen gehört und zuweilen auch selbst (mit-)erlebt habe, gesammelt und aufgeschrieben. Mein Dank gebührt daher jenen, die mir diese Geschichten erzählt und mich dazu inspiriert haben, sie aufzuschreiben. Dank gebührt aber vor allem den Schriftstellerinnen und Schriftstellern für die Kraft und Vision ihrer Werke. *Mit Moby Dick aufs Containerschiff* ist der Beweis dafür, dass die poetische und visionäre Kraft der Literatur unser Leben nachhaltig beeinflussen und gestalten, ja ihm eine entscheidende Wende verleihen kann. Es ist ein Versuch zu zeigen, dass die Lektüre guter Bücher unser Leben interessanter, poetischer, und immer wieder ein bisschen weniger einsam macht. Wir glauben für gewöhnlich, die Kunst imitiere das Leben. Es funktioniert aber genauso umgekehrt. Und gerade deshalb ist es so wichtig, dass wir Bücher lesen. Ein Buch – jedes Buch – hat die Macht, Menschenleben zu verändern.

Die meisten der folgenden Geschichten bzw. Kapitel sind so wiedergegeben, wie sie mir erzählt oder zugetragen wurden. Ich-Erzähler und personale Erzählperspektive wechseln je nach Geschichte. Zuweilen habe ich allerdings die Namen jener geändert, die mir die entsprechenden Ereignisse erzählt haben und bisweilen den Ort des Geschehens verlegt. Außerdem habe ich ab und zu sanft den Handlungsbogen ausgeschmückt und die Realität im Sinne einer guten Lesbarkeit ein wenig entfremdet – dass auch, weil nicht alle meiner Begegnungen wollen, dass ihre persönlichen Geschichten namentlich öffentlich werden; und um zu zeigen, dass Erlebnisse und Ereignisse, sobald sie von jemandem zu Papier gebracht werden, Erzählungen im eigentlichen Sinn – also immer fiktional und hochsubjektiv – sind.

Am Ende jeder Geschichte findet sich die Kurzbiografie der erwähnten inspirierenden Schriftstellerinnen und Schriftsteller mit ihren wichtigsten und bekanntesten Werken. Ich habe jene Details aus deren Leben hervorgehoben, welche für Werk und Wirken am bedeutsamsten sind und waren – und mir bisweilen Wertungen und auch (man möge es mir verzeihen) manche Superlative erlaubt.

Die derzeitige Auswahl an Schriftstellerinnen und Schriftsteller ist erst der Anfang. Natürlich ließe sich eine derartige Sammlung noch vielfältiger und bunter gestalten, angereichert mit Werken aus weiteren Kulturräumen. Ich sammle weiter – und wie Sie mir *Ihre* ganz persönliche, lebensverändernde Geschichte nach bewegender Lektüre übermitteln können, erfahren Sie im Nachwort.

Roland Schwarz
Prag, im Frühjahr 2022

Mit Moby Dick aufs Containerschiff

Herman Melville und Moby Dick

Of course he [Moby Dick] is a symbol. Of what?
I doubt if even Melville knew exactly. That's the best of it.
Der englische Schriftsteller D. H. Lawrence über *Moby Dick*

„Nennt mich Ishmael." Dies ist einer der simpelsten und doch erhabensten Eröffnungssätze der Weltliteratur. Drei Wörter, die wie der Mast eines Walfängers einen 900-Seiten-Roman navigieren. Unser Erzähler heißt Ishmael und er spricht uns direkt an.
So will ich es auch mit Ihnen halten. Jedoch, bitte – nennen Sie mich nicht Ishmael. Nennen Sie mich irgendwie. In dieser Geschichte geht es nämlich nicht um mich, sondern um einen jungen Mann, dessen Lektüre dieses großen amerikanischen Romans seinen Träumen und folgerichtig seinem Leben eine nachhaltige Wendung verliehen hat. Die Rede ist natürlich von *Moby Dick*.

Bevor wir in die Geschichte eintauchen, eine Frage: Welches Buch ist in Ihrem Leben das wichtigste gewesen? Jenes, das Ihr Leben verändert, Ihnen die Augen geöffnet, Ihnen neue Welten offenbart hat? Diese Frage ist sicherlich schwierig zu beantworten, wohl auch, weil die Kindheit ein anderes Buch grundlegend prägt als die Jugendzeit oder das

Erwachsenendasein. Nun, für jenen jungen Mann, von dem diese Geschichte handelt, war tatsächlich nur ein Buch ausschlaggebend. Ausschließlich dieses eine. Vor allem deswegen, weil er, nachdem ich ihm diese Lektüre aufgezwungen hatte, fast kein anderes mehr zur Hand genommen hat. Ich musste ihn dazu drängen. Somit bin ich nicht nur Erzähler, sondern gleichzeitig Figur dieser Geschichte: Ohne mich hätte sich Folgendes nicht auf diese Weise zugetragen.

Wir schreiben das Jahr 2004, ich bin an den Instituten für Anglistik und Geographie der Karl-Franzens-Universität in Graz als Lehramtskandidat inskribiert, mein Freund Martin studiert nur letzteres – sein Abschluss würde irgendwann einmal „Diplomgeograph" lauten. Wir lernten uns während einer hydrologischen Exkursion kennen und zeigten auf ebendieser beide großes Interesse an den Abflussregimen steirischer Gebirgsbäche sowie an fermentierten Getränken in abendlicher Geographenrunde. So holte uns unser Professor, ein kurz vor der Emeritierung stehender älterer Herr mit strengem Blick (aber offensichtlich gutem Auge für geographische Nachwuchshoffnungen), während der Rückreise nach Graz nach vorne in den Bus, bedachte unseren Fleiß und unser Interesse mit lobenden Worten und bot uns Stellen als seine Studienassistenten an. Dankend nahmen wir an, sicherten sie immerhin finanziell unsere Abende in unserer zweiten Alma Mater – einem Wirtshaus am Rande des Bezirks St. Leonhard.

Die Studentenzeit schreibt bisweilen unerklärliche Geschichten. Wir zwei waren strebsame, wenn auch lebemännische Studenten, verbrachten die Tage an der Universitätsbibliothek oder in den Lernsälen, die Abende in erwähntem Wirtshaus bei Bier und Most und Gesprächen über Philosophie, Frauen und den Sinn des Lebens. Wir tranken und schwadronierten

viel, studierten schnell und ruhten wenig. Zumindest bis in die Endphase, als die letzten Seminare, Prüfungen und die Diplomarbeit anstanden. Denn in diesem finalen Abschnitt des fidelen Studentenlebens schien meinen Freund irgendwann die Leidenschaft für Geographie und das universitäre Leben – nicht jedoch für die randstädtische Schank – schleichend verlassen zu haben. Irgendwann erschien er morgens nicht mehr um Acht am Institut, sondern erst gegen Mittag. Irgendwann schrieb ich schon an meiner Diplomarbeit – und er nicht einmal mehr an seinen Seminararbeiten. Ich hatte ihn öfter darauf angesprochen, mal freundlich, mal verständnisvoll, mal leicht aggressiv, seine Antwort jedoch blieb stets die gleiche: Er sehe keinen Sinn in seinem Studium, die Welt sei doch noch immer voller Abenteuer. Und warum sollte er Arbeiten abtippen, die niemanden interessierten und die auch keiner jemals lesen würde?
Martin sinnierte: „Es muss doch mehr geben im Leben!"
„Was soll das bitteschön sein?", erwiderte ich, gespannt auf eine tiefgründige Antwort.
Er schüttelte nur den Kopf und sagte: „Ich weiß es nicht."
Zum Glück hatte ich gerade eine Prüfung über anglo-amerikanische Romane hinter mir und ein bestimmtes Buch im Kopf, das dem Gemütszustand meines verwirrten und leidenden Kommilitonen wohl am ehesten Linderung und Rat verschaffen würde: *Moby Dick* von Herman Melville. Ich musste dabei an einen großen Romancier aus Prag denken, der einst erkannte: „Ein Buch muss die Axt sein für das gefrorene Meer in uns." Das Meer sollte im Narrativ meines Freundes noch eine bedeutende Rolle einnehmen.

In der Geschichte, die ich hier wiedergebe, ist der große amerikanische Roman mehr als nur ein Roman – er ist Medizin, Lebenshilfe, therapeutisches Hilfsmittel. Sie kennen den Inhalt sicher: Der eingangs genannte Erzähler Ishmael, verwirrt und des Lebens überdrüssig, verspürt den unbändigen Drang zur See zu gehen, um seiner trägen Melancholie zu entfliehen und seinem Dasein einen erfrischenden Hauch von Abenteuer zu verleihen. Er landet schließlich auf dem Walfänger Pequod, dessen getriebener und enigmatischer Kapitän Ahab einen sagenumwobenen weißen Wal zu erlegen strebt. Ich brachte Martin eines Abends im Spätherbst mein eigenes Exemplar dieses Romans mit, auf das ich nebenbei erwähnt recht stolz war. Immerhin hatte ich mit einem dünnen Bleistift ab und an, wo mir die häufigen philosophischen und naturhistorischen Exkurse besonderen Tiefgang zu haben schienen, etliche Randnotizen verzeichnet.

In den folgenden Tagen sah ich meinen Freund spärlich und wenn, dann tief in Gedanken versunken, aber irgendwie gelöst, ja mit der steten Andeutung eines verschmitzten Lächelns im Gesicht. Ich hatte mit dem Buch ins Schwarze getroffen, er ließ es mich auch wissen: „Ich liebe dieses Buch!" Ja, ich erinnere mich genau an den Wortlaut, weil Martin das Wort „lieben" so gut wie nie zuvor verwendet hatte, weder für sein Studium noch für Frauen – eine Ausnahme könnte höchstens sein Segelboot gewesen sein. Gegen Ende des Semesters – es war später Jänner, wir saßen wie üblich abends beim Stammwirt in geselliger Runde – versetzte er uns mit einer bedeutungsschwangeren Ankündigung in sprachloses Staunen: „Nach dem Studium werde ich Kapitän!"

Ich wusste, woher dieses Luftschloss kam, und entgegnete wohl ein wenig zu zynisch: „Moby Dick ist tot!"

„Du irrst dich gewaltig mit dieser Feststellung", erwiderte mein schlagfertiger Freund. Ich solle mir keine Sorgen um ihn machen, denn er wolle nach Abschluss des hiesigen Studiums und einer anschließenden Ausbildung an der

Seefahrtsschule Cuxhaven nicht als Walfänger enden, sondern sich in den Dienst einer Container-Reederei einschreiben. Ihn lockten die Weltmeere, und zwar allesamt, und ein Containerschiff – „Man muss halt auch ein wenig mit der Zeit gehen!" – sei zu diesem Zwecke der am wenigsten steinige Weg.

Ich und der versammelte Stammtisch, einschließlich der gerade Bier servierenden Wirtstochter, waren völlig verblüfft und verdutzt. Unser Freund Martin schien tatsächlich der Meinung, der Weg in die Kapitänskajüte eines derartigen Schiffes sei ein gar gemütlicher Spaziergang!

Wir drehen die Zeit um sieben Jahre nach vorne und schreiben den Dezember 2011. Ich arbeite mittlerweile als Gymnasiallehrer, bin soeben am frühen Nachmittag von der Schule nach Hause gekommen und halte eine Postkarte aus Namibia in meinen Händen: „Beste Grüße, ein herzliches Prost und ein wehmütiges Lächeln in die Heimat, welche ich im Herzen trage, jedoch nicht vermisse. Haltet die Ohren steif und frohe Weihnachten!"

Martin hatte es also geschafft und seine Ankündigung vor sieben Jahren, die wir bestaunt, unterstützt, jedoch vor allem eher belächelt hatten, tatsächlich wahrgemacht. Sein Geographiestudium hatte er mit mäßigem Erfolg – aber doch – beendet, nur um einige Wochen nach seiner Sponsion nach Cuxhaven zu ziehen, sich einen weiteren Abschluss an der dortigen Seefahrtschule „zu holen" und nun – nach mehreren Praktika und Einsätzen bei den unterschiedlichsten Schiffsunternehmen – als zweiter Offizier eines Containerschiffes die Welt zu bereisen. Letzte Woche Spanien, heute Namibia, übermorgen Hongkong.

Ich habe Martin vor ein paar Monaten während meiner Sommerferien in Hamburg getroffen und ihm, so wie man es eben macht, wenn man einen Freund lange nicht gesehen hat, folgende Frage gestellt: „Bist du glücklich? Immerhin basiert deine Suche nach Glück auf der Lektüre eines Romans über einen weißen Wal."

„Du irrst, mein Freund. Moby Dick ist kein Wal. Moby Dick, dessen Reinheit und Schönheit Melville sogar ein eigenes Kapitel widmet, ist ein Symbol, ein Mysterium. Christen nennen es vielleicht die Suche nach Gott. Ich nenne es die Suche nach dem Wahren und Schönen."

Diese Epiphanie der Walsymbolik war mir schon aus dem Literaturseminar meiner Studentenzeit geläufig, doch die nächste Offenbarung meines Freundes nicht. Als ich ihn fragte, ob er nicht Angst habe, bei diesem Streben nach dem Wahren so tragisch wie Kapitän Ahab im Buch zu enden, antwortete er in einer erhabenen Manier, die ein Ordinarius der Literaturwissenschaft nicht schöner hätte ausdrücken können: „Ahab ist besessen davon, Moby Dick zu finden und zu erlegen und sich als Besieger des Göttlichen aufzuschwingen. Nicht einmal der Verlust seines Beines vermochte seine absurde Geisteshaltung zu ändern. Ich jedoch will das Wahre und Schöne nicht besiegen, ich will es ja nicht einmal finden. Denn solange ich es suche, befahre ich die Weltmeere. Und das alleine ist eine – ja, meine! – Vision von Glück."

Ich war beeindruckt und gerührt von diesem Credo und auch von jenem Gedanken, dass Literatur genau das macht, was sie im besten Falle immer macht, was ihre ureigenste Funktion ist: prodesse et delectare – lehren und unterhalten, vor allem ersteres! Herman Melville spürte im Umfeld der Erstveröffentlichung nachweislich, dass sein monumentaler *Moby Dick* kein unmittelbarer Erfolg werden würde, aber er war davon überzeugt, der Roman sei so tiefgründig, dass

sich seine Leserinnen und Leser letztendlich völlig darin verlieren und eintauchen würden. Und genau das war meinem Freund Martin passiert: Ohne die Erkenntnisse der Lektüre dieses großen Romans hätte er die Wahrheit und Wirklichkeit der Seefahrt gar nicht erst wahrgenommen. Er hätte womöglich nie an der Seefahrtschule inskribiert und würde jetzt das nomadische Leben auf den Weltmeeren nicht so zu schätzen wissen. Doch Dichtung ist Wahrheit. Der weiße Wal ist „unerlegbar", weil er gar kein Wal ist. Und Weiß ist die Farbe der Unendlichkeit, der Reinheit und der Stille. Und somit hatte mein Freund vor sieben Jahren, als ich am Stammtisch beiläufig, zynisch und unwissend – und wohl auch ein wenig scherzhaft – den Tod des weißen Leviathans beschworen hatte, natürlich recht gehabt, als er darauf ein wenig empört antwortete: „Du irrst!"
Heute freue ich mich außerordentlich darüber.

Herman Melville
* 1. 8. 1819 in New York City
† 28. 9. 1891 ebenda

Obwohl am selben Ort geboren und verstorben, war Melville ein rastloser Reisender. Als Kind musste er die Schule abbrechen, weil der Familie das Geld ausging. Er versuchte sich im Pelzhandel, heuerte auf Walfängern an, bereiste die Südsee und arbeitete als Matrose für die Kriegsmarine. Die literarische Verarbeitung seiner exotischen Südseeabenteuer (zum Beispiel *Typee*, 1946) wurde, nach anfänglichen Absagen von Verlagen, zu großen Erfolgen. Nachdem sich Melville nach ausgedehnten Abenteuern wieder in den USA niedergelassen hatte, animierten ihn seine Erlebnisse zu seinem Opus magnum *Moby Dick* (1851). Allerdings interessierten ihn zu diesem Zeitpunkt seichte Südseeabenteuer nicht mehr – er war längst in die Welt der Metaphysik, Philosophie und Religionen eingetaucht.

Moby Dick ist ein Kompendium, ja eine Art Enzyklopädie mit 135 Kapiteln über Seefahrt und Wale, das Meer und den Himmel, Gut und Böse, Wissenschaft und Metaphysik. Der Roman wurde zunächst wenig beachtet, vielmehr belächelt, verrissen und geriet rasch in Vergessenheit. Ein Schicksal, das andere seiner späten Romane teilten. Melville konnte von der Schriftstellerei nicht lange leben und verdingte sich von 1866 bis 1885 als Zollinspektor im Hafen seiner Heimatstadt, wo er 1891 schließlich, beinahe in Vergessenheit geraten, verstarb. Im frühen 20. Jahrhundert wurde er „wiederentdeckt". Der Roman über den weißen Wal, von dem zu Melvilles Lebzeiten nur einige tausend Exemplare verkauft wurden, gilt heute als einer der größten der Weltliteratur.

Von Rivendell nach Ried im Innkreis

J. R. R. Tolkien und Der Herr der Ringe

John Ronald Reuel Tolkien gilt als Vater der Fantasy-Literatur, jedoch ist sein Hauptwerk *The Lord of the Rings*, auf Deutsch *Der Herr der Ringe*, so viel mehr als nur eine Fantasiegeschichte. Deshalb subsumiert man das Buch zuweilen unter die Rubrik „High Fantasy", um die Qualität deutlicher von anderen Werken dieses Genres abzuheben. Manche Tolkien-Fans, darunter auch Literaturwissenschaftler*innen, fordern gar, den *Herrn der Ringe* als Epos zu klassifizieren, also in die hehre Reihe des *Nibelungenliedes*, *Beowulfs* oder des *Rolandsliedes* zu stellen. So ganz nebenbei ist das Buch mit über 150 Millionen verkauften Exemplaren überhaupt eines der kommerziell erfolgreichsten Bücher der Literaturgeschichte. Sein Autor war so viel mehr als der Verfasser von massentauglichen Fantasiegeschichten, nämlich Oxford-Professor für Literatur und Linguistik, der nebst seinem Kampf um Mittelerde zusätzlich wissenschaftliche Arbeiten, vor allem zur Geschichte der englischen Sprache, verfasste. Es ist diese Verbindung von Linguistik und Fantasiewelt, die den *Herrn der Ringe* so besonders macht. Das

Buch sollte einem jungen Mann dabei helfen, seine eigentliche Leidenschaft zu erkennen und seinen beruflichen Weg zu finden.

Unsere Geschichte spielt in York, einer mittelgroßen und mittelalterlich geprägten Stadt im Norden Englands. Und sie beginnt im Jahr 1998. Am Heiligen Abend lag für den elfjährigen Ben ein Weihnachtspäckchen mit drei Büchern unter dem Christbaum, die eine große Saga in einer Welt namens Mittelerde erzählten: *The Lord of the Rings* von J. R. R. Tolkien. Das Geschenk stammte von seiner Urgroßmutter Charlotte, welche in den Nachkriegsjahren unter Professor Tolkien an der Oxford University Literatur und Linguistik studiert hatte und später Englischlehrerin wurde. Sie wollte ihrem Lieblingsenkel mit dem berühmten Fantasy-Werk ihres einstigen Lieblingsprofessors eine Freude machen und ihn auf diese Weise sanft an die Leidenschaft des Lesens heranführen. Das hätte freilich auch schiefgehen können – eine aberwitzig lange Geschichte, die auf weit über eintausend Seiten zelebriert wird, für einen so jungen Menschen. Es ist ihr aber gelungen, vielmehr noch: Charlottes Enkel liest die Geschichte, verliert und verliebt sich in Mittelerde, liest die Geschichte als Teenager nochmals und entwickelt eine Faszination für Fremdsprachen, die später seinen beruflichen Werdegang prägen sollten.

Auch Tolkien war schon als Junge besessen von Sprachen, lernte im Selbststudium und unter dem Tutorium seiner Mutter gleich mehrere, studierte sie dann akademisch, untersuchte ihre Geschichten und regionalen Varianten, verglich sie miteinander und wurde in weiterer Folge Professor für Linguistik, um dieser Leidenschaft hauptberuflich nachgehen zu können. Und wenn er einmal nicht in seinem

Studienbüro am Merton College alte Texte unter die Lupe nahm, erzählte er seinen Kindern Geschichten von fernen fiktiven Ländern, von Menschen, Elben und Zwergen. Es war nur eine Frage der Zeit, dass er irgendwann diese Geschichten aufschreiben und sie mit seiner Leidenschaft für Sprachen verknüpfen würde. Tolkien konstruierte für sein großes Mittelerde-Epos gleich mehrere Sprachen, um diese Fantasiewelt noch viel kunstvoller und authentischer zu machen. Im Englischen gibt es dafür den schönen Begriff „conlangs" – constructed languages. Im Unterschied zu anderen Autorinnen und Autoren jedoch, die in Romanen oftmals nur ein paar Zeilen oder Wörter einer neuen Sprache in ihre Geschichte einstreuen, kreierte Tolkien auf höchst durchdachte Weise komplette Sprachsysteme mit extensivem Vokabular, umfassender Grammatik und mehreren regionalen Varianten einer Sprache, ja sogar Mundarten. So gibt es, nur um ein Beispiel zu nennen, in *Der Herr der Ringe* eine elbische Hochsprache, eine Art „Elbenlatein" mit dem Namen Quendin, aus dem sich andere elbische Sprachen entwickelt haben. So wurde aus dem Wort „kwendī" („Elben") im Zuge der sogenannten elbischen Völkerwanderung „pendi" für die Talari-Elben und in weiterer Folge „kindi" bei den Avari-Elben. (Vergleichbar sind diese Sprachsysteme, um wieder in die reale Welt zurückzukehren, mit den romanischen Sprachen, die sich alle aus Latein gebildet haben.)

Ben war fasziniert von diesem Sprachenwirrwarr, diesem linguistischen Fleckerlteppich, was für einen jungen Schüler, der in einem Land zur Schule ging, wo das Erlernen von Fremdsprachen ohnehin eine Randerscheinung ist, eine wohl noch stärkere Wirkung entfachte als auf seine kontinentaleuropäischen Altersgenossen. Er begann die elbische Sprache zu lernen und deren Grammatik zu verstehen, vertiefte sich in die Etymologie und Sprachgeschichte seiner eigenen Muttersprache, fing an, regionale Unterschiede der englischen Sprache zu beobachten, absolvierte in den Sommerferien einen Online-Crashkurs in Finnisch, um dessen Einfluss auf das Elbische zu begreifen – und schließlich, nachdem er während eines Skiurlaubs in Österreich ein paar Brocken Deutsch aufgeschnappt hatte, stand seine Entscheidung fest: Er wollte nach der Matura Sprachen studieren!

Ein Aspekt in Tolkiens Werk faszinierte Ben noch mehr als alle anderen – einer, den er während seiner Reisen in mehreren europäischen Ländern später selbst beobachten konnte: dass Sprachen immer auch ein bisschen die Mentalität der Menschen widerspiegeln. Und diese Erkenntnis hatte er zum ersten Mal bei der Lektüre von Tolkiens Saga: Elbisch ist schön, melodisch und sanft – ganz wie seine edlen Sprecher. Tolkien machte von einer lateinischen „Basis" Gebrauch und garnierte diese unter anderem mit Elementen des Finnischen, das er ebenfalls besonders sonor und melodisch empfand. Orquin, die Sprache der Orks, ist hingegen eine harsche und raue Sprache, was ebenfalls Sinn macht, wenn man bedenkt, dass sich das Dasein der hässlichen und ungestalten Sprecher nahezu ausschließlich um Mord, Totschlag und Dunkelheit dreht. Die Sprache ist so primitiv, dass sie außer zum Fluchen und Grölen zu nicht viel taugt. Später erkannte Ben auf einer Reise nach Kalabrien, dass sich Italienisch, die Tochter des Lateinischen, ebenso durch eine besondere Melodik auszeichnet. Er war fasziniert von den Spracheigenschaften des Finnischen, er fand auch Gefallen an der deutschen Sprache, die zwar im Allgemeinen als hart und ein wenig schroff empfunden wird, aber faszinierende Satzkonstruktionen zu bieten hat. Diesen hatte übrigens der große Mark Twain schon ein paar Jahrzehnte vor Tolkien ein eigenes Buch gewidmet – *The Awful German Language*, in dem er moniert, dass man ein Teleskop brauchen würde, um das Verb in deutschen Nebensätzen zu finden. Dazu kämen endlose Komposita und eine fast militärische Prosodie, welche die vermeintlich deutschen Tugenden wie Fleiß und Ehrgeiz widerspiegeln würde. Später, als er als Student ein Auslandssemester in Graz absolvierte, faszinierte ihn die österreichische Varietät dieser Sprache, deren Rhythmus ein wenig melodischer klingt, deren Aussprache sich ein wenig sanfter gestaltet und deren Lexik ein wenig mehr Lebensgefühl vermittelt.

Ben hatte also seine Leidenschaft für Linguistik entdeckt, die Tolkiens *Herr der Ringe* ihn ihm entfacht hatte – und zwar so stark, dass die Lektüre seinem Leben eine entscheidende Wendung verlieh, als er an der Universität in Liverpool zuerst in den Fächern Deutsch und Französisch inskribierte, dann ein Auslandssemester in Graz absolvierte, nach dem Bachelor-Abschluss als Sprachassistent nach Paris ging, und nunmehr als Englischlehrer im oberösterreichischen Innviertel, wo er die österreichischen Regiolekte ein bisschen näher studieren möchte, ein neues berufliches Umfeld fand. Das Schöne an der Sprachenwelt Tolkiens ist, dass der Kult weiterlebt: Im Internet finden sich Elbisch-Sprachkurse, die Wörterbücher werden ständig ergänzt, es gibt sogar Übersetzer*innen, die ihre Dienste anbieten, falls sich jemand zum Beispiel einen schönen Spruch auf Elbisch auf die Schulter tätowieren lassen möchte. Die Offenheit gegenüber Sprachen wäre sicher im Sinne Tolkiens, der 1973 verstarb – wenn er nur wüsste, dass sich seine „conlangs" auch heute noch weiterentwickeln und dutzende Fanclubs, ja in der Tat linguistische Gesellschaften, in der realen Welt dafür sorgen, dass sie nicht aussterben! Somit war der Schöpfer von Mittelerde nicht nur der Vater der Fantasy-Literatur, sondern überhaupt der konstruierten Sprachen, die in weiterer Folge andere Werke der Popkultur inspiriert haben: Man denke nur an Klingonisch in *Star Trek*, die Sprache der Na'vi im Blockbuster *Avatar* oder das Valyrische in *Game of Thrones*.

So „endet" also diese Episode: Ben genießt sein Leben in Ried im Innkreis, spielt im Innviertler Lehrerteam Fußball, erfreut sich an Dialektrunden beim Fußballer-Stammtisch und inhaliert die österreichische Mentalität, um die Sprache noch besser zu verstehen. An den wenigen Abenden allerdings, an welchen er keine gesellschaftlichen Verpflichtungen hat, stattet er immer wieder seiner *Herr-der-Ringe*-Gesellschaft online einen Besuch ab, informiert sich über die neuesten Erkenntnisse über das Elbische oder Khuzdul (Sprache der Zwerge) und frischt sein Vokabular auf, damit es nicht ganz einrostet. Er brachte nicht sonderlich viele Bücher mit nach Österreich, bietet ihm doch seine Garçonnière in der Nähe des Bundesschulzentrums nur wenig Platz. Jedoch seine vergilbte Ausgabe von *Herr der Ringe*, die 1998 unter dem Christbaum gelegen hatte, schmückt nach wie vor sein kleines Buchregal über dem Schreibtisch.

John Ronald Reuel Tolkien
* 3.1.1892 in Bloemfontein im heutigen Südafrika
† 2.9.1973 im britischen Bournemouth

Bereits in seiner Kindheit interessierte sich Tolkien für Sprachen und Sagen. Seine Mutter brachte ihm unter anderem Deutsch, Französisch und Latein bei, zudem las er mit Genuss die Artus-Legenden, von Siegfried dem Drachentöter, dann als Jugendlicher das große englische Epos *Beowulf* (dessen Held übrigens gegen einen im Berg lauernden Drachen kämpft – Erinnerungen an Tolkiens Buch *Der Hobbit* werden wach) und vertiefte sich in historische Linguistik. Diese Leidenschaft führte den religiösen Adoleszenten 1911 an die Oxford University, an der er 14 Jahre später zum Professor für englische Sprache ernannt wurde. Sein Forschungsgebiet blieb die Linguistik, sein Hobby das kreative Schreiben. 1937 wurde *Der Hobbit* publiziert, 1954/55 sein Hauptwerk *Der Herr der Ringe*, das in drei Bänden erschien, aber strenggenommen und unter Berücksichtigung der Intention des Autors keine Trilogie ist. Der große Erfolg kam für Tolkien selbst überraschend, ist aber schnell erklärt: Im Zentrum stehen der ewige Kampf zwischen Gut und Böse, unscheinbare Helden, blutige Gemetzel, ein allmächtiger Ring, eine bunte Welt mit vielen Völkern und Sprachen – und all das erzählt in detailverliebter, entschleunigter Prosa. Nach zwei Weltkriegen in Europa schien es vielleicht eine logische Folge, den Leserinnen und Lesern eine Fantasiewelt zur Flucht vor dem Alltag zu schaffen – nicht jedoch, um diese in eine „heile Welt" umzuschreiben. *Der Herr der Ringe* ist große Literatur und wir können Tolkiens Sohn Christopher dankbar sein, dass er nach dem Tod seines Vaters dessen unvollendete Werke posthum publizierte, darunter auch *Das Silmarillion* (1977), die mythologische Vorgeschichte zum Mittelerde-Epos.

Von Rudolfsheim nach Rishikesh

Hermann Hesse und Siddhartha

Das Amt des Dichters ist nicht das Zeigen der Wege, sondern vor allem das Wecken der Sehnsucht.

Hermann Hesse

Hat man seine Leidenschaft für Yoga entdeckt und fragt nach einer Übungseinheit bei einem Schälchen Jasmintee die gesellige Runde, welches Buch im Leben das wichtigste gewesen ist, welche Lektüre dem eigenen Werdegang einen entscheidenden Wendepunkt verliehen hat, dann wird eine Erzählung auffallend oft genannt: *Siddhartha* von Hermann Hesse. Ich bat also meine Yogafreundin Hanna, ihre Geschichte – ihre besondere Beziehung zu diesem Buch – exemplarisch zu schildern.

Hanna ist im Mittelburgenland aufgewachsen und zur Schule gegangen. Nach der Matura inskribierte sie Betriebswirtschaft in Wien; gegen Ende ihres Studiums absolvierte sie ein Praktikum bei einer großen Baufirma – nach der Sponsion stieg sie in Vollzeit als Personalmanagerin ein. Das Gehalt war gut, die Überstunden waren erträglich, ihre Mansardenwohnung im 15. Bezirk adrett und die umliegenden Gastrobetriebe ebenso. Samstags frühstückte sie gerne in einem der hippen Cafés, wo man Kaffee mit Sojamilch,

Avocado-Mango-Smoothies und Granatapfel-Hummus mit Pitabrot kredenzt, um damit einen individuell-multikulturellen Lebensstil auszudrücken. Doch trotz dieser opulent exotischen Brunch-Vormittage fehlte ihr etwas: ein Hobby, ein Ventil, um der stressigen Arbeitswelt zu entfliehen. Eine Leidenschaft, die sie, nachdem eine Freundin sie eines Tages in eine Yogastunde mitgenommen hatte, auf der Matte finden sollte.

Yoga ist von außen betrachtet eine simple, aber dafür umso wirkmächtigere Sache: Alles, was man dazu braucht, ist eine Unterlage und den eigenen Körper. Viele der Figuren erscheinen unspektakulär, manche lassen hingegen an den chinesischen Nationalzirkus denken. Es geht jedoch um viel mehr als nur um Körperarbeit. Die Beherrschung dieser indischen Lehre ist ein langer Weg: Die Körperpartien müssen beweglich und gestärkt, die Atmung ruhig und achtsam, der Fokus nach innen gerichtet, die Chakren (Energiezentren) im Einklang und die Gedanken an andere Dinge völlig ausgeblendet sein. Es ist ein Weg, der jahrelang, ja ein ganzes Leben andauert – eine ständige Reise in das Unterbewusstsein, in eine höhere, spirituellere Sphäre bis zur letzten Stufe (Samadhi) des Yoga-Pfades.

Hermann Hesse, der Wahl-Schweizer, war ein Romancier und Poet, der heute noch – vielleicht mehr als zu Lebzeiten – von seinen Bewunderern nicht nur als herausragender Schriftsteller, sondern gleichsam als Guru verehrt wird. In seinen Werken, vor allem in *Siddhartha*, geht es um fernöstliche Spiritualität, Selbstfindung, um ein Leben im Einklang mit sich selbst und der Natur. Mit diesen Themen beschäftigt sich wohl jeder heranwachsende Mensch einmal, deshalb ist es keine Überraschung, dass Hesse vor allem bei einer jungen, urbanen Leser*innenschaft so breiten Anklang findet. *Siddhartha* ist für viele der Beweis, dass ein Buch die Seele nähren, die Welt verzaubern und dem Leben eine entscheidende Wende verleihen kann.

So war es auch bei Hanna. Sie kam zunächst einmal wöchentlich mit ihrer Freundin zum Yogakurs, dann zweimal in der Woche. Schließlich schenkte sie sich selbst zu Weihnachten eine unbegrenzte Mitgliedschaft, und von da an suchte sie das Studio – ihre persönliche Oase der Stille – im Schnitt fünfmal pro Woche auf. Sie testete mehrere Yogastile aus, lernte mehrere Arten des Unterrichtens kennen – mal körperlich anspruchsvolle Vinyasa-Flows, dann wieder meditative Einheiten mit Mantras (Rezitieren von Worten und Sprüchen) und Pranayama (spezielle Atemübungen), sogar an einem Yogi-Massageworkshop nahm sie teil. Ein halbes Jahr nach ihrem Weihnachtsgeschenk an sich selbst, es war irgendwann im Hochsommer, fasste sie den Entschluss, die Yogalehrer-Ausbildung zu absolvieren. Diese ist ursprünglich in den USA zertifiziert – ein faszinierender Aspekt, geht es ja um jahrtausendealte Atem- und Körperübungen aus Indien – und hierauf global für alle Yogatrainingszentren nach amerikanischem Muster standardisiert worden, auch im Ursprungsland Indien. Man kann die Amerikaner*innen für diesen Chuzpe bewundern oder verachten.

Wiederum zu Weihnachten wollte sich Hanna abermals selbst beschenken, dieses Mal mit einer Yogalehrerausbildung im Studio ihres Vertrauens. Bis sie im Frühherbst von einer Yogafreundin ein Buch in die Hände gedrückt bekam: *Siddhartha* von Hermann Hesse. Dieses Buch sollte ihr – und darin liegt in diesem Fall die lebensverändernde Leseerfahrung – einen noch exotischeren Pfad offenbaren: einen, der sie aus dem sicheren, aber vielleicht zu engen Umfeld der Bundeshauptstadt hinausführen sollte.

Mittlerweile besuche ich Hannas Yogastudio regelmäßig, dort haben wir uns kennengelernt. Was mich immer ein bisschen verwundert, ja amüsiert, ist die Tatsache, dass Yogis und Yoginis mit Vorliebe Buddhafiguren aufstellen, zumeist geschmückt mit Räucherstäbchen oder Duftkerzen, sowohl im Studio als auch privat. Warum das so ist, weiß eigentlich niemand genau, man bekommt keine befriedigende Antwort darauf. Jedoch vermute ich, dass Hermann Hesse daran nicht ganz unschuldig ist. Sein *Siddhartha* ist ein Buch für Menschen, die den Sinn im Leben suchen, die den Weg in ihr Inneres beschreiten wollen, die spirituelle Pfade jenseits der gesellschaftlichen Norm gehen wollen. Es ist daher keine große Überraschung, dass in der westlichen Yoga-Szene dieses Buch so großen Anklang findet. Vielleicht ist das auch ein Grund, warum manche Literaturkritiker*innen Hesse gerne belächeln, ihn fast lieber in das Esoterik-Regal als in den Kanon der großen deutschen Literatur stellen. Zurecht? Nein!

Zugegeben: Dieses Buch, das Hesse selbst „eine indische Dichtung" nennt, liest sich leicht und schnell, die Symbole sind ein wenig zu schablonenhaft, die Sprache wirkt ein wenig gestelzt und die Handlung ist allzu schnell skizziert: Der junge Brahmanensohn Siddhartha und sein Freund Govinda suchen den Buddha Gotama auf, um von ihm zu lernen. Siddhartha erkennt allerdings, dass Lehre nichts bringt, dass nur die eigene Erfahrung zur Erleuchtung führt. Darin liegt schon ein bemerkenswerter – man könnte sagen: genialer – Kunstgriff: Hesse lässt seinen Buddha auf den echten Buddha, den Gotama, treffen und dessen Lehre verschmähen, weil er schließlich selbst Erfahrungen sammeln möchte – im Prinzip ein Ratschlag, der vom „echten" Buddha kommt: eine, wie Henry Miller es formulierte, „unerhörte Tat, gerade für einen Deutschen". Hesse erzählt mit solch sanfter Sprachführung und zarter Prosa, dass man als Leser*in nicht anders kann, als jeder Entscheidung seines Siddhartha mit Kopfnicken zuzustimmen: Siddhartha möchte jedwede Erfahrung sammeln, alle Sinnesfreuden auskosten, von allen süßen Säften des Lebensgefühls trinken, bis ihm schließlich bewusst wird, dass er den falschen Weg beschreitet. Er lässt sein altes Leben hinter sich und findet als Fährmann seine Erleuchtung. Er muss all diese Erfahrungen jedoch zuerst machen, um diese reinigende Epiphanie zu erfahren, er muss alle Möglichkeiten austesten, damit er sie bewerten und verwerfen kann. In heutigen hedonistischen Zeiten finden Leser*innen in derartig zauberhaft ausformulierten Ausführungen starke Identifikationsmöglichkeiten: Erfahrungen sammeln, Reisen, Emanzipation (vom Elternhaus), Flucht vor der Gesellschaft.

Hanna spürt, dass sie einen ähnlichen Weg beschreiten muss, um inneren Frieden zu finden. Sie erkennt, dass ihr eine Yogaausbildung in Wien dazu nicht ausreicht. Sie liest *Siddhartha*, liest es nochmals, besorgt sich auch das Hörbuch, und trifft dann eine Entscheidung: eine Auszeit von der Arbeit, um die Yoga-Ausbildung in Indien machen zu können, in einem Ashram, wo man sich nur auf Yoga konzentrieren kann, wo die restliche Welt ausgeblendet ist. In einem Land, wo sie andere Kulturen kennenlernt, wo das Sicherheitsnetz und die Sprachsicherheit der österreichischen Hauptstadt fehlen, wo sie sich völlig und zur Gänze neuen Erfahrungen, neuen Yogapfaden und neuen Einsichten widmen kann. Und so kam es, dass sie – zwei Jahre, nachdem sie ihre Freundin zum ersten Mal zur Yogastunde mitgenommen hatte – im Flugzeug nach Rishikesh, der bekannten Pilgerstadt im Norden Indiens, saß, um später dort fünf Wochen lang den Weg des Gurus zu beschreiten: von der Dunkelheit zum Licht.

Siddhartha erlebt auf seinem Weg zum Glück Höhen, vor allem aber auch Tiefen, Verzweiflung und Hunger. Es sind all diese Krisen vonnöten, um schließlich in der Mitte anzukommen. Und dieser steinige Weg unterscheidet ihn dann doch – und sogar stark – von Esoteriker*innen, die im Regelfall allzu einfache Antworten auf tiefgründige Fragen zu haben meinen, die allzu schnell eine Abkürzung des Weges zum Glück anbieten wollen, so ganz ohne Leid und Selbsterfahrung, so ganz ohne individuelle Irrfahrt. Dass Hermann Hesse also in der Esoterik-Szene derart beliebt ist und verniedlicht wird, ist nicht seine Schuld. Hesses *Siddhartha* lehrt zudem: Die Suche nach dem eigenen Ich bedingt, mit sich selbst im Reinen zu sein. Und diesen Zustand wollte Hanna in Rishikesh am heiligen Ganges für sich finden.

„Und", fragte ich sie unlängst nach einer ausgedehnten Yoga-Flow-Einheit, „hast du sie gefunden, deine Mitte? Hat sich das Abenteuer gelohnt?"

„Das hat es", sagte sie stolz und strahlte. „Die grundlegendste Erkenntnis war für mich, dass nicht das Erreichen der Mitte das Wichtigste ist, sondern der Weg dorthin. Und dass dieser steinig, aber wichtig und wunderbar ist, und dass Weggabelungen und Irrwege unbedingt dazugehören. Wir müssen immer weitergehen, immer weiter. Gehen! Erfahren! Leben! Nicht suchen, kein bestimmtes Ziel haben! Alle Ziele haben!"

Hermann Hesse wurde posthum zu einem Idol der Popkultur und, wie bereits beschrieben, speziell der Esoterikszene, gleichzeitig gilt sein Werk als Weltliteratur. Dieser scheinbare Widerspruch, dieser Heldenstatus in Hochschulgermanistik und Boulevard, all dies macht diesen Schriftsteller und sein Werk so besonders, verleiht ihm diese unwiderstehliche

Anziehungskraft, diesen Mythos, diesen Legendenstatus – der Literaturnobelpreisträger, der spätestens seit Andy Warhols Porträt zur Ikone erkoren wurde. Und das ist wohl auch ein Aspekt, den uns *Siddhartha* vermitteln will – alles versuchen, alles mit Respekt behandeln, alles auf sich wirken lassen: Denn nur wer alles ausgekostet hat, der kann seine Mitte finden. Nur wer von allen süßen und bitteren Tropfen gekostet hat, der kann am Fluss sitzen und der Wahrheit lauschen. Namaste!

Hermann Hesse
* 2. 7. 1877 in Calw, Württemberg
† 9. 8. 1962 in Montagnola, Tessin

Seine Staatsbürgerschaften wechselten schon in jungen Jahren beinahe sinnbildlich zwischen Russischem Reich, Schweiz und dem Königreich Württemberg – überhaupt war Hesse sein ganzes Leben ein Wanderer zwischen den Oasen der Sehnsucht. Man steckte ihn als Adoleszenten in alle möglichen Schulen, später – nach einem Suizidversuch – in eine Nervenheilanstalt. Nach seiner Entlassung nahm er eine Buchhändlerlehre in Angriff und verdingte sich als Mechaniker. All dies sollte er später in *Unterm Rad* (1906) beschreiben. Der ziellose Jüngling suchte Rat in der Literatur, er las die deutschen Romantiker, begann zu reisen, erste Schreibversuche und Veröffentlichungen folgten. Ein bedeutender Aspekt in Hesses Werk ist die Spiritualität. Er verbindet indische Wege zum Glück mit christlicher Mystik und betont die Individualität jedes Pfades der Erleuchtung, vor allem in *Siddhartha* (1922). Dies kürte ihn zum Superstar der jüngeren Nachkriegsgenerationen und später in den

1960er-Jahren auch zum Idol der Hippie-Szene. Noch heute gibt es in Kathmandu am Hippie Trail eine Hermann-Hesse-Gesellschaft. Hesse, der leidenschaftliche Kriegsgegner, wurde in der unmittelbaren Nachkriegszeit, nämlich 1946, mit dem Literaturnobelpreis ausgezeichnet. Sein Werk ist stark autobiografisch, besonders im *Steppenwolf* (1927), dem anti-bürgerlichen Kultbuch der Hippie-Generation, wird das offensichtlich. Seine Rezeption bleibt allerdings divers: Die einen markieren sein Werk als Kitsch, die anderen als Wegbereiter der deutschen Erzählkunst. Thomas Mann, mit dem ihn eine tiefe Freundschaft verband, sagte dereinst über den *Steppenwolf*, dieser „hat mich zum ersten Mal seit langem wieder gelehrt, was lesen heißt."

Von Rohrbach nach Rapa Nui

Christoph Ransmayr und der
Atlas eines ängstlichen Mannes

Als aus der schneeweißen Asche ein Funke ins kalte Höhlendunkel sprang und im Flug erlosch, schlief ich ein. Nun war ich angekommen.
Christoph Ransmayr am Ende seiner Pilgerwanderung im Himalaya

Christoph Ransmayr, der wortgewaltige Virtuose und rastlose Reisende der österreichischen Erzählergilde, unterscheidet sich insofern von seinen Zeitgenoss*innen, als dass sein eigenes Leben ein wenig Mysterium bleibt, dem der mythische Glanz großer Geschichtenerzähler*innen anhaftet. Das macht ihn zur Antithese im aktuellen Literaturbetrieb: Während sich seine Kolleg*innen auf Social Media herumtreiben und Persönliches und Politisches in die Welt hinausposaunen, weiß man vom großen, immer ein wenig mürrisch blickenden Romancier eigentlich nie, was er gerade macht, wo er gerade wandelt und reist, welche Abenteuer ihm gerade widerfahren. Siebzig von letzteren hat er allerdings vor ein paar Jahren in einem Erzählband gesammelt und mit uns geteilt: in seinem *Atlas eines ängstlichen Mannes*.

Romans Biografie liest sich so, wie man sich in Österreich ein geglücktes Leben vorstellt: Er maturierte in Rohrbach im oberösterreichischen Mühlviertel, studierte danach Mathematik und Chemie in Salzburg, pendelte in dieser Zeit jedes Wochenende nach Hause, um seinem Musikverein als Mitglied erhalten zu bleiben, absolvierte nach dem Studium sein Unterrichtspraktikum an jener Schule, wo er selbst maturiert hatte, und wurde hierauf als vollbeschäftigte Lehrkraft angestellt. Mittlerweile ist das über 25 Jahre her und er gilt immer noch als beliebter und engagierter Lehrer und begnadeter Trompeter. Inzwischen hatte er Magda, ehemalige Marketenderin in seinem Verein, mit welcher er seit seinem ersten Jahr als Lehrer zusammen war, geheiratet, zwei Kinder – beide mittlerweile ausgezogen und beruflich in der Landeshauptstadt tätig – großgezogen und in seiner Heimatgemeinde ein Haus gebaut. Ein schönes Beispiel für den „Austrian Dream". Nun aber, nach so vielen Dienstjahren als Pädagoge, wagte er eine Abweichung von diesem „typisch österreichischen" Lebenslauf: Er beantragte ein Sabbatical, vorwiegend, um endlich das Badezimmer neu zu fliesen, das ehemalige Kinderzimmer zu einer Bibliothek umzuwidmen, seine Terrasse zu gestalten, einen Pool bauen zu lassen, seinen Gemüsegarten zu erweitern und einen Apfelhain anzulegen – und sich ein wenig, dies seiner Magda zuliebe, nach Feng-Shui-Prinzipien energetisch zu optimieren. Da schenkte ihm ein Kollege zu Weihnachten den *Atlas*.

Christoph Ransmayr ist ein präziser Beobachter, seine Reiseepisoden zeigen den Poeten am Werk: Er betrachtet, lässt die Situation auf sich wirken, berichtet (doch nicht bewertet nicht), beschreibt nur, lässt seine Leser*innen mitbeobachten. Er gibt ihnen nicht nur das Gefühl, ganz in diesem intimen Moment – Virginia Woolf würde von einem „moment of being" sprechen – präsent zu sein, sondern erweckt gleichzeitig auch jene Sehnsucht und jenes Fernweh, genau diesen Ort selbst einmal aufzusuchen und genau dieses Erlebnis, dieselbe Beobachtung nachzuempfinden.

Alle siebzig Episoden beginnen mit der zart-pathetischen Einleitung „Ich sah". Und was Ransmayr sieht, sind Situationen des Alltags: einen Bootsmann am Mekong, einen Straßenarbeiter in der Dominikanischen Republik, einen gestürzten Kellner in San Diego, eine Ziege auf einer Südseeinsel, einen Hirtenhund in Anatolien. Für den Augenblick der Geschichte verleiht ihnen Ransmayr poetischen Glanz. Und diese Poesie des Alltäglichen, wenngleich zumeist Exotischen, zog den Mathematik- und Chemielehrer Roman, dessen Buchregale vorwiegend mit populär-naturwissenschaftlichen und didaktischen Werken gefüllt waren, in seinen Bann und löste jene Sehnsucht aus, was nicht einmal Naturdokumentationen im Fernsehen vermocht hatten. Ein schöner Beweis für den Triumph des geschriebenen Wortes über das bewegte Bild.

Roman las jeden Abend eine Episode aus dieser Sammlung, erfreute sich, reiste von seinem Bett aus in alle Winkel der Erde und fühlte sich danach immer ein wenig (mehr) erleuchtet. „Es ist so wie bei den Predigten des Heiligen Antonius, sind das nicht auch siebzig?", musste der gläubige Katholik schmunzeln. Und unbewusst, aber dafür umso vehementer, machte sich in ihm ein Fernweh bemerkbar, das ihn in seinen Träumen – in der Nacht und bald schon tagsüber – heimsuchte. So stellte er sich, wenn er nach der Schule ein wenig auf der Wohnzimmercouch rastete, nicht mehr vor, in welcher Abfolge er seine Gemüsebeete reihen musste oder ob die Terrassenfliesen hellblau oder doch eher gräulich sein sollten, sondern wie er auf einem Kahn den Mekong entlangschunkelte, die Katakomben Istanbuls erforschte, auf der Chinesischen Mauer spazieren ging oder die kolossalen Steinstatuen der Osterinseln entdeckte. Und seine Magda spürte, dass es ihn nicht in den eigenen Garten, sondern in die weite Welt zog, weit über den hölzernen Zaun, der ihr eigenes Fleckchen Erde abgrenzte, hinaus. Sie begann nun ebenfalls, das Buch zu lesen, nicht alle Episoden, nur jene, von denen ihr Gatte erzählte, dass sie besonders schön, besonders exotisch seien. Und sie musste ihm zustimmen, die Welt war doch immer ein Ort voller Geheimnisse, die entdeckt werden wollten – und mit Mitte 50 sei es ohnehin höchste Zeit dafür! Sie beantragte gleichfalls eine Karenzierung ihrer Tätigkeit als Gemeindebedienstete, die (ohne Bezüge) genehmigt wurde. Das konnten und wollten sich die beiden, zumal die Kinder längst auf eigenen Füßen standen, einfach leisten.

Natürlich war das Bibliotheks- und Gartenumgestaltungsprojekt damit nicht gestorben. Roman und Magda wollten schließlich nicht ein ganzes Jahr die Welt umsegeln. Aber ein wenig Zeit könne man sich beim Gestalten der Gartenanlage ja lassen, außerdem böten vor allem die unbehaglichen Wintermonate Gelegenheit, wärmere Reiseziele in der südlichen Hemisphäre, gar in der Südsee, aufzusuchen. Die Osterinseln, Rapa Nui, mussten schon dabei sein, und auch auf der Chinesischen Mauer wollten sie doch einmal im Leben gewandelt sein, dazu könnten sie sich in China bestimmt Inspirationen für Feng Shui holen, sozusagen bei den Expertinnen und Experten vor Ort. Ransmayr schreibt in seinem Vorwort, dass „jede Episode dieses Buches auch von einem anderen Menschen, der sich ins Freie, in die Weite … gewagt hat, erzählt worden sein könnte." Solche anderen Menschen wollten Roman und Magda werden. Nicht in der rastlos reisenden Ransmayr-Liga mitspielen – aber doch die eigene Welt, die geliebte Mühlviertler Welt, ein bisschen erweitern. Der große amerikanische Poet Robert Frost schreibt in seinem berühmten Gedicht *Mending Wall*, dass

Zäune und Mauern zwar das eigene Fleckchen Erde einzäunen und somit ein Gefühl von Geborgenheit vermitteln und Menschen zu guten Nachbarn machen könnten, aber dass man dabei den Blick über die Gartenmauer nie verlieren solle, die Umzäunung des eigenen Gartens somit nie die Grenze der eigenen Welt sein dürfe. Roman und Magda lieben ihren Garten, aber ihr Zaun ist niedrig genug, dass sie den Blick, sooft sie wollen, in die Ferne schweifen lassen können. Und dieser Blick hat – im Zusammenspiel mit dem grandiosen Buch des österreichischen Erzählers und Reisenden – eine Sehnsucht ausgelöst, welche ihr Freijahr so gestalten wollte, wie man ein Freijahr auch wirklich nutzen sollte: frei – zur Entdeckung der Welt.

Christoph Ransmayr
* 20. 3. 1954 in Wels

Seit jeher ist der österreichische Autor, der bei den Benediktinern in Lambach maturierte und hierauf in Wien Philosophie studierte, ein – wie er selbst sagt – „Halbnomade" beziehungsweise – wie es sein Freund und häufiger Weggefährte Reinhold Messner formuliert – „Grenzgänger und Dichter". Es ist daher auch keine Überraschung, dass sein erster Roman *Die Schrecken des Eises und der Finsternis* (1984) ein Abenteuer in den arktischen Weiten beschreibt, nämlich die von Carl Weyprecht und Julius Payer geleitete österreichisch-ungarische Nordpolexpedition (1872–1874), die dem Franz-Josefs-Land seinen Namen geben sollte. Den Durchbruch feierte Ransmayr allerdings erst ein paar Jahre später mit *Die letzte Welt* (1988) über Ovids *Metamorphosen*. Seit diesem Zeitpunkt gilt er als erhabene Größe in der deutschsprachigen Erzählkunst, was ihm erlaubte, sich dem öffentlichen Leben zu entziehen, gewissermaßen unterzutauchen, zu reisen, wandern und Geschichten zu sammeln. Ransmayr lässt sich Zeit, er hat sie, er nimmt sie sich. Er lässt uns warten und belohnt unsere Geduld immer wieder mit großen Büchern – mit *Morbus Kitahara* (1995), mit *Der fliegende Berg* (2006), eben mit dem *Altas eines ängstlichen Mannes* (2012) und mit *Cox oder Der Lauf der Zeit* (2016). Christoph Ransmayr ist ein fabelhafter Erzähler, seine Prosa bietet dem Leser einen poetischen und vielgestaltigen Blick auf die Welt. Berichten könne nur einer, so hat er einmal fabuliert, „der eine Geschichte überlebt hat" und glücklich heimkehrt ist. Und reisen sollte man immer mit leichtem Gepäck, ausgenommen der Dinge, die man im Kopf und Herzen trägt. Wir lauschen andächtig, lassen uns inspirieren und warten geduldig und voller Vorfreude auf die nächste Bucherscheinung des dichtenden Weltenwanderers.

Sprachkurs in Hogwarts

J. K. Rowling und Harry Potter

Als im Sommer 1997 ein Jugendroman über einen elfjährigen Zauberlehrling erschien, ahnte noch niemand, dass damit eine neue Zeitrechnung für Jugendliteratur im Genre Fantasy eingeläutet werden sollte. Die Folge war ein Boom, der die Herzen von Verlagen, Eltern, Lehrerinnen und Lehrern höherschlagen ließ: Jugendliche und junge Erwachsene lasen wieder. Es folgten weitere Bände, insgesamt sind es sieben, die in dutzende Sprachen übersetzt wurden und bis heute mehr als 500 Millionen Mal über den Ladentisch gegangen sind. Im Windschatten dieser gigantischen *Harry-Potter*-Welle entstanden weitere erfolgreiche Fantasy-Reihen wie die Abenteuer des Drachenreiters *Eragon* von Christopher Paolini, die *Tintenherz*-Trilogie von Cornelia Funke oder die *Twilight*-Romane von Stephenie Meyer rund um einen adretten High-School-Vampir, seine Freundin und einen Werwolf-Nebenbuhler. Der Hype ist weiterhin ungebrochen und längst sind Romane aus diesem Genre zu Bestsellern für alle Altersklassen gereift. Man kann J. K. Rowling dafür nicht oft genug danken. Mehr noch:

Einer Schülerin aus der Ukraine verschaffte die Liebe zur zauberhaften Welt rund um die Internatsschule Hogwarts nicht nur magische Lesestunden und mehr Selbstvertrauen, sondern gar einen Studienplatz an der renommierten Universität von Oxford.

Unsere Geschichte beginnt im Kiew des frühen zweiten Millenniums mit der 13-jährigen Tetiana – ein wenig Außenseiterin: Sie interessiert sich überhaupt nicht für Mode und Make-up, trägt eine große Brille, sitzt in der Schule in der ersten Reihe, verbringt die Pausen in der Schulbibliothek und wird von einigen ihrer Mitschüler*innen ob dieser vermeintlich uncoolen Art immer wieder gehänselt. Ihre einzige Freundin ist eine Schülerin aus der Oberstufe, die in den großen Pausen als Bibliotheksassistentin aushilft. Tetiana macht das Alleinsein jedoch gar nicht so viel aus, hat sie so mehr Zeit für ihre Lieblingsbeschäftigung: Bücher lesen. Ihre absolute Lieblingsbuchreihe ist *Harry Potter*.

Harry Potter folgt einer bewährten literarischen Tradition des Entwicklungsromans: Ein Außenseiter wird zum Helden. Der Zauberlehrling, der als Findelkind bei seinen Verwandten aufwächst, die keine magischen Fähigkeiten haben (also „normale" Menschen, genannt Muggels, sind), wird von jenen abgelehnt, malträtiert und verbringt seine ersten zehn Lebensjahre einsam, unverstanden und verstoßen. Erst als er im Zauberinternat Hogwarts aufgenommen wird, findet er Freunde, Seelenverwandte und Vaterfiguren. Tetiana fasziniert die Geschichte dieses Jungen, der nicht verstanden wird und trotzdem an sich glaubt, der ausgelacht und gepiesackt wird, aber trotzdem spürt, dass er etwas Besonderes ist und Besonderes erreichen wird. Sie fühlt sich verbunden mit und verstanden von Harry und seinen Freunden, sie lernt, dass man anders als die anderen sein darf, dass man sich nicht verstellen sollte, nur um anderen zu gefallen. All dies vermittelt ihr Sicherheit und Geborgenheit und stärkt ihr Selbstvertrauen. Zudem findet sie Gefallen an der Vielfalt der Hogwarts-Welt mit seinen Fabelwesen, Zaubersprüchen und verschiedenen Lerngemeinschaften.

Fantasy-Literatur wird gerne als Möglichkeit des Eskapismus markiert – als ein Ventil zur Flucht vor der Realität in eine Parallelwelt mit strahlenden Helden, hässlichen Bösewichten, bunten Fabeltieren, edlen Vampiren, putzigen Zwergen und edelmütigen Elfen. In eine Welt, in der letztendlich immer „die Guten" siegen. Eine willkommene Abwechslung zur realen Welt, die mitunter trist, traurig und trüb sein kann. Diese Wirklichkeitsflucht wird zuweilen als Vorwurf geäußert: Scheinwelten würden reale Probleme schließlich nicht lösen, schon gar nicht mit dem Zauberstab. Diese Anklagen sind jedoch absurd, ermöglicht doch jeder Roman – Krimis, Liebesromane, Abenteuerfahrten, Phantastik – eine Alltagsflucht. Und genau darin liegt doch die Macht und Magie der Literatur! Jedes Buch entführt die Leserin und den Leser in fiktive Welten und Geschichten. Reale Problemlösungen sind daher keine sinnvolle Zielvorgabe. Derweil bietet Fantasy wie Harry Potter genug Anknüpfungspunkte an das echte Leben: Die zauberhafte Parallelwelt ist im England des späten 20. Jahrhunderts angesiedelt, in einem Internat mit braven und ungehorsamen Schüler*innen, mit schrulligen Lehrer*innen, leidenschaftlichen Sportwettkämpfen auf Besen (Quidditch) und mit genau jenen Befindlichkeiten und Konflikten – Freundschaften, Liebeskummer, Heimweh –, die uns auch im echten Leben bewegen. Diese Welt ist für jede Schülerin und jeden Schüler nachempfindbar.

Es fiel Tetiana nicht schwer, in diese Welt zu reisen, sobald sie ein Buch aus der Reihe aufschlug. Anstatt eines Handballs wird in dieser Welt ein kleiner goldener Ball mit Flügeln gejagt und statt einer WhatsApp-Nachricht eine Eulenpost verschickt.

Als die Sowjetunion in den späten 1980er-Jahren zerfiel, änderten sich in den neuen unabhängigen Ländern auch die Lehrpläne. In der Ukraine verlor das Russische seinen Amtsstatus und somit an Schulen seinen einstigen Stellenwert. Englisch ist heutzutage nun mal die Sprache, welche die Tür in die große Welt öffnet. Tetiana hatte das Pech, Englischunterricht von einem umgeschulten Russischlehrer zu bekommen, der sich über einen Sommer als Neo-Anglist weitergebildet hatte, um seine Arbeitsstelle nicht zu verlieren. Man benötigte rasch viele neue Sprachenlehrer*innen. Allerdings hatte dies den ungünstigen Nebeneffekt, dass die Sprachkompetenz mancher neuer Englisch-Instruktor*innen nach dem Kalten Krieg über viele Jahre hinweg noch sehr eingeschränkt war und der Fortschritt ihrer Schüler*innen entsprechend dürftig. Die ehrgeizige, sprachenbegeisterte Tetiana litt besonders darunter. Sie schwärmte von der großen Welt, von Amerika, von Australien, vom Reisen, vom Studieren – und natürlich vom Lesen. Wie schön, wie unvergleichlich musste es doch sein, die geliebten *Harry-Potter*-Romane in der englischen Originalfassung zu lesen, die englische Zauberwelt in der englischen Sprache zu erleben! Und so lernte sie gewissermaßen als Autodidaktin Englisch, bestellte sich Kursbücher, eine Lern-CD, und suchte sich zwei britische Brieffreundinnen – sie wandelte damit bereits auf Harry Potters Spuren, denn auch in der Zauberwelt werden Briefe noch mit Tinte geschrieben und nicht auf der Tastatur.

Ein faszinierender Aspekt der *Harry-Potter*-Reihe ist, dass Sprache und Stil mit jedem Roman wachsen, sie passen sich sozusagen dem Alter des Hauptprotagonisten an. Jeder Band beschreibt ein Schuljahr, und jedes Jahr wird Harry reifer, gebildeter und eloquenter. Im ersten Teil ist der Junge zarte elf Jahre alt, dementsprechend richtet sich der Jargon an eine Leser*innenschaft derselben Altersklasse. Und so dauerte es gar nicht lange, bis die vife Tetiana das erste Buch *The Philosopher's Stone* auf Englisch zu lesen vermochte, immer mit einem Wörterbuch bewaffnet. Und weil es so schön war, bestellte sie gleich den zweiten Band. Und so weiter. Und so verbesserten sich ihre Englischkenntnisse mit jedem weiteren Roman. Die Reihe mutiert stilistisch allmählich von Kinder- zu Jugendliteratur, während Tetianas Englischniveau mit jedem neuen Band reifte: von Grundkenntnissen zu fast Muttersprachlerniveau. Den letzten Band, der 2007 erschien, konnte sie gleich im Original verschlingen, ohne monatelang auf die ukrainische Übersetzung warten zu müssen. Während Tetianas Klassenkameradinnen, die mittlerweile, zumindest teilweise, ebenfalls auf den Hogwarts-Express aufgesprungen waren, ungeduldig auf das große Finale der Saga warteten, konnte Tetiana schon schmunzelnd erzählen, wie großartig jene zu Ende geht. Mit jedem Jahr wurde das einst als nerdige Streberin belächelte Mädchen mehr und mehr akzeptiert. Die große *Harry-Potter*-Welle trug ein wenig dazu bei, immerhin gab es nun ein Thema, das sie und ihre Sitznachbarinnen verband.

Selbstredend maturierte Tetiana in Englisch mit Sehr gut. Sie bewarb sich während ihres Abschlussjahres an der renommierten Oxford-Universität und nannte in ihrem Motivationsschreiben als einen der Gründe für ihre Ambition, die englische Sprache zu lernen, die Abenteuer rund um Hogwarts. Die Aufnahmekommission zeigte sich begeistert, immerhin zählte Harry Potter mittlerweile zum britischen Kulturgut, verschaffte ihr einen Studienplatz und stellte ein Stipendium für begabte ausländische Studierende in Aussicht. Außerdem merkte die Kommission sichtlich augenzwinkernd an, dass sich einige der Schauplätze der Hollywood-Verfilmungen von *Harry Potter* in den ehrwürdigen Hallen der University of Oxford befänden – Tetiana käme also genau an den richtigen Ort. Und an diesem ist sie noch immer, mittlerweile im Abschlussjahr. Selbstverständlich hat sie zwischenzeitlich alle Filmschauplätze besucht, sie liebt die Bücher allerdings ungleich mehr – und die Erstausgabe des *Philosopher's Stone* ziert nebst zahlreichen akademischen Titeln noch immer ihr Bücherregal.

Joanne Kathleen Rowling
* 31. 7. 1965 in Yate, Großbritannien

Schriftstellerische Gabe und blühende Fantasie waren der Britin bereits in die Wiege gelegt worden. Schon als Sechsjährige erzählte sie ihrer jüngeren Schwester wohlgesponnene Geschichten. Sie brillierte als Schülerin in Fremdsprachen und unterrichtete später selber Englisch im Ausland. Während einer Zugfahrt im Jahr 1990 hatte sie ihre „Harry-Potter-Eingebung", fortan arbeitete sie an der Heptalogie, sieben Bände waren von Anfang an geplant. Diese intensive schöpferische Phase in den 1990er-Jahren war jedoch nicht von materiellem Wohlstand begleitet: Bisweilen musste Rowling als alleinerziehende Mutter – ihre Tochter Jessica entsprang einer kurzen Ehe mit einem portugiesischen Journalisten – von der Sozialhilfe leben. Und auch im

Verlagswesen teilte sie zunächst das Los vieler Neu-Autor*innen: Ihr Manuskript wurde unzählige Male abgelehnt und kam schlussendlich nach hartem Ringen nur mit einer Auflage von 500 Stück heraus (*Harry Potter and the Philosopher's Stone*, dt.: *Harry Potter und der Stein der Weisen*, 1997). Dann merkte die Welt aber schnell, wie verzaubernd die Hogwarts-Welt ist: Die Verkaufszahlen explodierten, *Harry Potter* wurde zum literarischen Phänomen und ist heute eines der meistverkauften Bücher aller Zeiten. Der letzte der sieben Bände, *Harry Potter and the Deathly Hallows* (dt.: *Harry Potter und die Heiligtümer des Todes*), erschien 2007. Heute gilt J. K. Rowling als wohlhabendste Schriftstellerin der Welt. Die Liebe zum Schreiben ist ihr sehr zur Freude ihrer Leser*innenschaft geblieben. Mittlerweile verfasst sie unter dem Pseudonym Robert Galbraith kurzweilige Krimis. In diesen wird nicht gezaubert, aber sie sind nicht weniger zauberhaft.

Telegraph Highway

Unterwegs mit Mark Twain, John Steinbeck und Jack Kerouac

*And her eyes were on the highway,
where life whizzed by.*
John Steinbeck, *The Grapes of Wrath*

Jack Kerouacs *On the Road* ist der trefflichste Titel der amerikanischen Literaturgeschichte. *America is the road*. Straßen verbinden, Straßen einen, Straßen sind Arterien und überwinden den Kontinent vom Atlantik bis zum Pazifik, sie verlaufen mitten durch das amerikanische Heartland, mitten durch das amerikanische Herz. Unterwegs sein ist die Quintessenz dieses Kontinents, das Leitmotiv seiner Literatur. Jack Kerouac war auf den Straßen unterwegs, Mark Twain auf dem Mississippi, Herman Melville gar auf allen Weltmeeren. Doch bleiben wir auf der Straße. Fühlt jemand Rastlosigkeit in sich aufsteigen, bleibt nur ein Ratschlag: „Hit the road!" Beginnen wir diese Geschichte daher auf einer solchen im Bundesstaat Michigan.

Der U.S. Highway 24 verläuft von Clarkston in Michigan zunächst südlich nach Ohio, dann geschätzte 2 000 Kilometer Richtung Osten bis Colorado. Das heißt, man kann beispielsweise in Detroit mit dem Auto starten und gemütlich, so ganz ohne Navigationsgerät, so ganz ohne ein einziges

Mal abbiegen zu müssen, die Straße entlangfahren bis nach Colorado – was immer man dort vorhat, Schifahren vielleicht. Das ist ungefähr so, als würde man von Moskau nach Kitzbühel gondeln. Unsere Geschichte fährt allerdings gar nicht so weit in den Westen, sie beginnt zudem in Defiance, Ohio, etwa 300 Kilometer südlich von Clarkston. Defiance ist einer dieser sonderbaren amerikanischen Stadtnamen, bei denen man laut dem Zyniker Bill Bryson nicht weiß, ob der Namensvater der erste Europäer oder der letzte vertriebene Ureinwohner war. Es heißt wörtlich übersetzt „Trotz" oder „Missachtung" – genau die Gefühlslage von Rebecca, seitdem sie vor einigen Wochen aus Clarkston hierhergezogen war, um eine Stelle als Musiklehrerin an der örtlichen High School anzutreten.

Entweder man liebt Ohio abgöttisch, oder es ist einem zu göttlich und man kommt mit dem recht puritanischen Lebensgefühl der meisten Ohioans nicht zurecht. Für Rebecca war letzteres Realität. Eine tanzbeinschwingende, E-Gitarre spielende und Jack Kerouac verehrende Tochter aus Clarkston, der Heimatstadt von Kid Rock, die in Detroit – der unangefochtenen Hauptstadt der Rockmusik – ihren Collegeabschluss gemacht hat, gewöhnt sich nur schwer an rurale Rituale und die Entdeckung der Langsamkeit im amerikanischen Mittleren Westen. Während für Sal Paradise und Dean Moriarty im großen Beatnik-Manifest *On the Road* die Straße der Weg zu Abenteuern, Drogen, Musik und Mädchen war, führte jene von Rebecca geradewegs in das gelebte Biedermeiertum. Doch auf ihr gelangte sie zu ihrem ersten Fulltime-Job, und damit mitten ins Erwachsenenleben.

Sie hatte einen Einjahresvertrag unterzeichnet und war willens, diesen auch zu erfüllen. Ein ehemaliges altes Farmhaus zwischen High School und Stadtzentrum, das sie sich zu diesem Zwecke gemietet hatte, lag direkt am Highway 24, genauso wie ihr Elternhaus in Clarkston. Die Anfahrt zur neuen Stätte ihres Wirkens war also relativ unkompliziert. Der letzte Abschnitt des Highway 24 trägt den schönen Beinamen „Telegraph Road". Diesen sich zum Vorbild nehmend, hatten Rebecca und ihre Mutter (seit einigen Jahren verwitwet und ein wenig vereinsamt) vereinbart, jeden Sonntag um Punkt 8:00 Uhr morgens am zu dieser Zeit nahezu verkehrslosen Highway gemeinsam Kaffee zu trinken. Sprich, beide positionierten ihre Klappsessel am Straßenrand, nahmen Kuchen, Kekse und Kaffee, und genossen ihr Frühstück schweigend – und wissend, dass die Person, die sie am meisten lieben, zu jenem Zeitpunkt ebenfalls auf derselben Straße „brunchte": die eine in Clarkston, Michigan, und die andere in Defiance, Ohio. Dass sie dabei rund 300 Kilometer voneinander weit entfernt saßen, störte die beiden nicht; sie fühlten sich sonntagmorgens immer nah; sie waren sich gewiss, die Präsenz der anderen auf derselben Straße zu spüren.

Diese Erkenntnis, dass Straßen zwar in die Freiheit führen, aber auch etwas Verbindendes haben, ist ein zentrales Symbol der amerikanischen Literatur. Ja, Straßen führen mitten rein in ein Abenteuer, so wie in *On the Road*, aber sie sind ebenso ein Sinnbild der Zugehörigkeit, sie führen wieder in einen sicheren Hafen, sie zeigen den Weg nach Hause. Straßen sind Lebensadern, sie sind Korridore, die nicht nur Autos, Menschen und Güter, sondern auch Emotionen tausende Kilometer weit transportieren. Rebecca hatte den Kerouac-Roman als Einstimmung auf das Erwachsenenleben noch einmal gelesen. Wenngleich sie wusste, dass in Ohio wohl Abenteuer anderer Art auf sie warten würden, rief ihr das Buch diesen quintessenziellen Gedanken, dass

Entfernungen relativ sind, solange es eine Straße gibt, die einen nach Hause bringen kann, wieder einmal in Erinnerung. Und lieferte somit die Idee für das sonntägliche Frühstück an der vertrauten „Telegraph Road".

Nicht ohne Grund ist für Amerikaner*innen ein fahrbarer Untersatz wichtiger als die Wohnung – denn in einem Auto kann man zur Not schlafen, in einer Wohnung aber auf keiner Straße entlangfahren. Der vielleicht größte aller amerikanischen Romanciers, Mark Twain, hat fast nur Bücher geschrieben, in welchen die Figuren auf irgendeine Art unterwegs waren, man denkt zuallererst sicher an *Huckleberry Finn*. Auch das autobiografische *Roughing It* ist ein Reisebericht, in dem Twain dem Bürgerkrieg in Richtung Westen entflieht. Auf der Straße in die Freiheit, weg vom Krieg, ins Herz des Wilden Westens. John Steinbeck erzählt in seinem Reisebericht *Travels with Charley*, dass er erst einen Roadtrip durch die USA machen musste, um sein Land wirklich kennenzulernen und zu verstehen. Obwohl ihm, sanft ausgedrückt, nicht alles gefällt, was er da so beobachtet: *America is the road*.

Das sonntägliche Kaffeekränzchen, bei dem sich Rebecca zur Feier des Tages stets einen Cupcake mit viel Schlagobers gönnte, ihre Mutter allerdings nur einen zuckerfreien Muffin, war sie doch seit Jahrzehnten Diabetikerin, wiederholte sich bis in den Herbst hinein, bis Ende Oktober – ab November, hatten sie vereinbart, würden sie ihr Frühstück doch lieber im beheizten Domizil einnehmen. Nur war am letzten Wochenende ja Halloween – zwar kein Feiertag, aber ein beliebtes Fest – und bei Rebeccas Mutter gewann zum ersten Mal seit Jahren die Leidenschaft über die Vernunft Oberhand: Sie wollte sich ebenfalls einen Cupcake mit Kürbishäubchen gönnen, war es doch das letzte Mal vor Thanksgiving, dass sie sich ihrer Tochter so nah fühlen konnte. So traf man sich an einem herbstlich kühlen Sonntagmorgen mit Decke, Kaffee und Mehlspeise zum letzten Kaffeekränzchen vor der kalten, dunklen Jahreszeit. Aber irgendetwas stimmte nicht so ganz. Vielleicht waren es die jugendlichen Rabauken, die Rebecca die Nacht zuvor nicht schlafen ließen, vielleicht die Tatsache, dass die werte Frau Mama mit Stolz und Vorfreude angekündigt hatte, sich ebenfalls einem Cupcake hinzugeben, vielleicht war es auch die dem Herbst anheimfallende Melancholie, die zartbesaiteten Menschen jährlich das Gefühl der Schwermut aufdrängt, aber an diesem einen Sonntagmorgen war die Musiklehrerin aufgewühlt, besorgt und leicht verstört. Sie vermochte ihr Frühstück nicht zu genießen, nicht einmal die herbstlichen Farben des umliegenden Waldes konnten sie beruhigen. Sie spürte ein Gefühl der Einsamkeit, so als wäre sie der einzige Mensch, der sich an diesem Sonntagmorgen am Highway 24 aufhielt. Keine Verbundenheit, keine Nähe – vielmehr eine Absenz, die ihr Schmerzen verursachte. Als die wichtigste Person in ihrem Leben nicht auf ihre Anrufe reagierte, als sie bereits wieder in ihrem Farmhaus war, verstärkte sich dieses Gefühl der Besorgnis, man könnte schon sagen: Furcht. Und so setzte sich die junge Dame ins Auto und raste, das Tempolimit von lächerlichen 55 Meilen pro Stunde ignorierend, Richtung Elternhaus nach Clarkston, in der Eile und Hektik und Aufruhr sogar vergessend, den geliebten Weggefährten Bob Seger einzulegen.

Diabetes ist eine Stoffwechselkrankheit, bei der es zu einer Überzuckerung des Blutes kommt. Deshalb sollten Diabetiker*innen ja auch auf zuckersüße Mehlspeisen verzichten. Kommt es zu überhöhten Blutzuckerwerten, müssen jene mit unangenehmen Symptomen rechnen – von vergleichsweise recht harmlosen wie Kaltschweiß und Blässe bis hin zu

Zittern, Zusammenbrechen und Bewusstlosigkeit. In letzterem Zustand fand Rebecca ihre Mutter im Küchenflur liegen, den Telefonhörer in der Hand, als wollte sie noch ihre Tochter um Hilfe rufen, oder gleich den Hausarzt. Diesen noch aus ihrer Kindheit kennend, wählte sie seine Privatnummer und beobachtete einige Minuten später, wie er ihrer Mutter Glukose spritzte und die ältere Dame schön langsam wieder aus ihrem Zuckerschock erwachte. Nachdem man sich beim Doktor bedankt und gemeinsam zuckerfreie Muffins und Tee zu sich genommen hatte, verbrachte Rebecca an diesem Sonntag die Nacht in ihrem Kinderzimmer – nur eine Tür neben der geschwächten Mutter. Als sie am nächsten Morgen nach dem Frühstück wieder Richtung Ohio aufbrach, verabschiedeten sich beide so herzlich, als hätten sie sich jahrelang nicht gesehen, bekräftigten, Thanksgiving in weniger als einem Monat gemeinsam zu feiern, und winkten sich so lange nach, bis der rote Chevrolet der lebensrettenden Musiklehrerin am Horizont des Highway 24 verschwand.

Straßen dienen der Orientierung und weisen den Weg. Ohne Straßen kann man kein Ziel verfolgen, kein Ende einer Reise, man würde ewig rastlos umherirren. Als Bill Bryson am Ende seines fast 14 000 Meilen langen Roadtrips, den er in *The Lost Continent* beschreibt, wieder auf jenem Highway entlangfährt, der ihn in seinen Heimatort Des Moines bringen wird, fühlt er sich zum ersten Mal seit langem wieder ruhig und ausgeglichen („for the first time in a long time I almost felt serene"). Dieses Motiv findet sich nicht nur in der Literatur, sondern auch in der amerikanischen Musik. Eines der beliebtesten Lieder, die gerne am Lagerfeuer gesungen werden, ist *Take Me Home, Country Roads*, in dem der intensive Wunsch, nach Hause zu fahren, beschworen wird. Ein Lied, das sogar Rebecca – obwohl sie sonst eher harte E-Gitarren-Riffs bevorzugte – gerne im Auto hörte. Und so traf sie sich mit ihrer Mutter weiterhin jeden Sonntagmorgen zu einem stummen, liebevollen, gemeinsamen Frühstück, ab sofort in ihren jeweiligen Wohnzimmern, bei denen sie beide ihre Sessel so am Fenster positionierten, dass sie stets einen Blick auf den Highway 24 hatten: die Straße, die sie Nähe spüren ließ, die sie – wie eine Arterie von Herz zu Herz verlaufend – immerzu daran erinnerte, dass sie auf eine Verbundenheit vertrauen konnten, aus der sie Stärke und Geborgenheit zu ziehen vermochten, und die ihnen an diesem letzten Oktobersonntag zur Lebensretterin geworden war. *America is the road.*

Mark Twain
* 30. 11. 1835 als Samuel Langhorne Clemens in Florida, MO
† 21. 4. 1910 in Redding, CT

John Steinbeck
* 27. 2. 1902 in Salinas, CA
† 20. 12. 1968 in New York City

Jack Kerouac
* 12. 3. 1922 in Lowell, MA
† 21. 10. 1969 in Saint Petersburg, FL

Drei der einflussreichsten Erzähler der amerikanischen Literaturgeschichte verbindet eine große Leidenschaft: die Lust am Unterwegssein.

Mark Twain hat vor allem das bunte Leben entlang des Mississippi humorvoll verarbeitet – schon sein Künstlername, ein nautischer Begriff, weist darauf hin. Sein Opus Magnum ist zweifelsohne *The Adventures of Huckleberry Finn* (1884), für Ernest Hemingway der bedeutendste amerikanische Roman überhaupt. **John Steinbeck,** ebenfalls ein schreibender Nomade, fand Gelegenheitsjobs inspirierender als seine universitäre Ausbildung, weshalb er Stanford den Rücken kehrte, um Geschichten aus dem echten Leben zu schreiben. Die bekanntesten davon sind *The Grapes of Wrath* (1939) und *East of Eden* (1952). 1962 verlieh man ihm unter anderem für seinen „sozialen Scharfsinn" den Nobelpreis für Literatur. Ebenso reiht sich aber auch **Jack Kerouac** nahtlos in diese Gruppe rastloser Wanderschriftsteller ein: Sein stark autobiografischer Roman *On the Road* (1957) machte ihn zur Ikone der „Beat Generation", welche sich dem bürgerlichen Leben verwehrte, um stattdessen ihr Freiheitsideal auszuleben. Er wurde von seinen Fans geliebt, von der Literaturkritik seiner Zeit allerdings ignoriert. Heute gilt er – wie Twain und Steinbeck vor ihm – als einer der Wegbereiter der amerikanischen Literatur.

Literarische Highlights auf amerikanischen Straßen (Auswahl)

Roughing It (dt.: *Durch Dick und Dünn*) von Mark Twain (1872): In diesem autobiografischen Reisebericht entflieht Mark Twain dem Bürgerkrieg in Missouri 1861 und macht sich Richtung „Wilder Westen" auf – auf der Postkutsche mitten ins Abenteuer. Humorvoll!

On the Road (dt.: Unterwegs) von Jack Kerouac (1957): Es ist der Klassiker, die Bibel der Beat Generation: Dean Moriarty, Sal Paradise und ihre Clique reisen quer durch die

USA, um sich erotischen Abenteuern, Alkohol, Drogen und dem Jazz hinzugeben.

Travels with Charley: In Search of America (dt.: *Die Reise mit Charley: Auf der Suche nach Amerika*) von John Steinbeck (1962): John Steinbeck erzählt von seinem Roadtrip mit seinem Pudel Charley und seinem Pick-up Truck „Rosinante" – manches, was ihm widerfährt und er über sein Heimatland erfährt, schockiert ihn allerdings zutiefst.

Fear and Loathing in Las Vegas (dt.: *Angst und Schrecken in Las Vegas*) von Hunter S. Thompson (1971): Es handelt sich um einen Schlüsselroman, in dem ein Sportjournalist und sein Anwalt im Drogenrausch Richtung Las Vegas fahren, auf der Suche nach dem amerikanischen Traum. Die Geschichte ist teilweise so skurril, dass sie als Drogentrip-Erfahrung gedeutet werden kann. Das Buch wurde 1998 sehr erfolgreich mit Johnny Depp in der Hauptrolle verfilmt.

Blue Highways: A Journey into America (dt.: *Blue Highways: Eine Reise in Amerika*) von William Least Heat-Moon (1982): Der Autor unternimmt einen dreimonatigen Roadtrip auf „Blue Highways", also auf Nebenstraßen, die wenig befahren oder bekannt sind, um sich selbst und die Essenz des Kontinents kennenzulernen.

The Lost Continent: Travels in Small Town America (dt.: *Straßen der Erinnerung: Reisen durch das vergessene Amerika*) von Bill Bryson (1989): ein humoristischer Reisebericht von Bill Bryson, der sich eines Tages ins Auto setzt und quer durch die USA fährt. Am Ende sind es fast 14 000 Meilen und 38 Bundesstaaten.

The Road (dt.: *Die Straße*) von Cormac McCarthy (2006): In diesem dystopischen Roman ziehen ein Vater und sein Sohn in einem postapokalyptischen Amerika Richtung Küste. Die Zivilisation wurde fast ausgelöscht, der Himmel durch Asche verdunkelt. Gewinner des renommierten Pulitzer-Preises.

The Last Days of California (dt.: *Süßer König Jesus*) von Mary Miller (2014): Die 15-jährige Jess und ihre Schwester Elise werden von ihren christlich-fundamentalistischen Eltern ins Auto gesteckt, um von Alabama nach Kalifornien zu fahren. Dort erwartet „Auserwählte" die Wiederkunft des Herrn. Diese schräge Pilgerfahrt spielt vor allem in Motels und bei Tankstellen entlang des Weges – und Jess denkt dabei weniger an die dräuende Apokalypse als an irdische Dinge wie Süßigkeiten und Sex.

Keep on Rocking

Bruce Dickinson und seine Autobiografie What Does This Button Do?

It's safe to say that almost every mishap, catastrophe and legal disaster that could befall a band happened to us over the next two years. We were sued, injuncted, arrested, on the run for various offences and utterly misunderstood by everyone except our own mothers.
Bruce Dickinson über seine Anfänge als Rockstar in *What Does This Button Do?*

Nahezu alle Jugendlichen, die ein Instrument spielen, träumen in ihrem Leben einmal davon, eine Band zu gründen und „so richtig durchzustarten". Diese Luftschlösser sehen für gewöhnlich bei allen ähnlich aus: der Werdegang von der Garagenband über kleine Gigs in Innenstadtbars und Schulabschlussbällen hin zum Headliner bei Festivals. Die klassische Rockstar-Karriere also. Aber warum auch nicht?! „If you dream something, it might happen. If you never dream it, it will never happen." Diesen schönen Ratschlag hat uns Bruce Dickinson geschenkt.

Unsere Geschichte, die eigentlich in Prag spielt, beginnt in Oberösterreich in den frühen 1990er-Jahren. Seitdem Christoph als Fünfzehnjähriger die HAK-Schulbank drückte, lauschte er tagein, tagaus seiner Lieblingsband: Iron Maiden. Sein Bruder pflegte ihm in den Sommerferien *The Number of the Beast* vorzuspielen und das Album faszinierte und fesselte ihn derart, dass der junge Schlagzeuger instinktiv mit seinen Händen zum Lufttrommeln ansetzte, sobald die ersten Klänge aus dem CD-Player ertönten. Es ist das erste Iron-Maiden-Album mit Bruce Dickinson als Frontmann. Man kann sagen, dass Christoph und Bruce mit dem gleichen Album die (musikalische) Liebe ihres Lebens fanden: Iron Maiden, eine Band, die heute zu den größten Metal-Bands aller Zeiten zählt, die es gewohnt ist, vor hunderttausenden Fans zu spielen, und deren Werdegang dem oben skizzierten Teenager-Traum frappierend ähnelt. Alle beginnen einmal irgendwo in einer Garage. Ein irgendwie tröstlicher Gedanke.

Selbstredend hatte auch Christoph diesen Traum vom Rockstar, aber er war ehrgeizig und weltoffen genug, um seine Talente zusätzlich in anderen Bereichen zu entwickeln: Dem Heavy Metal war er zwar seit HAK-Tagen verfallen und die Schlagzeug-Sticks legte er nicht mehr aus der Hand, aber er studierte schließlich Linguistik und mutierte zum Weltenbummler. Er verdingte sich als vagabundierender Sprachlehrer zuerst in seiner Heimat Oberösterreich, dann in Mittelamerika – und in seinen Dreißigern verschlug ihn das Schicksal in die goldene Stadt Prag: die Stadt der Abendunterhaltung, die Stadt, die wie New York niemals schläft, die Stadt mit venerabler Hardrock-Vergangenheit. Hier stellte der musizierende Pädagoge zuerst eine internationale Band zusammen, komponierte Songs, probte, experimentierte und nahm schließlich ein Album auf. Und wie es sich gehört, musste dieses in einer würdigen Location mit Bühne, Bar und genug Platz für das pogende Publikum präsentiert werden. Zumindest stellte sich Christoph das so vor.

Im Frühjahr 2017 drängte sich eine Bar für die Release-Party geradezu auf: das Rock Café, zentral gelegen, mit gutem Ruf in der Szene, günstigen Getränken und großartiger Bühne. Christoph schickte dem Management Demos seiner Songs, bekam keine Antwort, übermittelte neue Aufnahmen, bekam diesmal zwar eine Antwort, aber keine Zusage – man ist ja immerhin bekanntere Bands gewöhnt, welche viele Zuschauer*innen garantieren. Also schaute er selber im Café vorbei und versuchte vorzusprechen, aber ohne entscheidenden Erfolg. Nachdem er nach weiteren E-Mails und telefonischen Anfragen noch immer keine fixe Zusage bekommen hatte, war Christoph kurz davor, das Handtuch zu werfen. Dann halt kein kometenhafter Aufstieg zum Rockstar! Dann halt nur eine randstädtische Bar, die sich über jedwede Live-Musik und eine Handvoll Besucher freut, sei's drum. Doch an dieser Stelle griff ihm sein großes Idol Bruce Dickinson unter die Arme, nämlich mit seiner Autobiografie mit dem kuriosen Titel *What Does This Button Do?*. In diesen schnörkellosen, mit britischem Humor gewürzten Memoiren erzählt uns der Iron-Maiden-Frontmann von seinen Anfängen als Musiker an einer konservativen High School und während seiner Zeit als Geschichtestudent an der Queen Mary University of London. Er schildert die Knochenarbeit, die notwendig ist, um als Sänger bekannt zu werden und sich zu etablieren, eine neue Band zu promoten, von Agenten gehört zu werden. Er gibt auch einen Ratschlag für angehende Musiker*innen: Nicht locker lassen! Niemals locker lassen! Er selbst habe tausende Telefonate geführt und an unzählige Türen geklopft, um der Band Gigs zu verschaffen. Zuerst mit seiner ersten Band Samson, dann mit Iron Maiden. Und schließlich kamen die Auftritte – vor immer mehr Fans. Im Jahr 1982 stürmte die Single *Run to the Hills* die britischen Charts. Der Rest ist Rockgeschichte.

Diese Haltung nahm sich Christoph zum Vorbild. Er las das Buch in drei Tagen aus, in den Lesepausen dröhnten selbstredend Iron-Maiden-Songs aus seinen Boxen, während seine Frau immer wieder zornig an die Tür klopfte. Er las manche Kapitel mehrmals, vor allem jene, in welchen Bruce die beschwerlichen Anfänge seiner ersten Schritte als Musiker offenbarte. Und schlussendlich fasste Christoph einen Entschluss: „Das Rock Café ist die beste Location, also spielen wir im Rock Café!" Also aufs Neue. „I've got to keep going, be strong, must be so determined and push myself on", wie es im Maiden-Ohrwurm *The Loneliness of the Long Distance Runner* heißt. Er kam noch einmal vor Ort vorbei, brachte seine neu aufgenommene CD mit und versuchte mit unerbittlicher Hartnäckigkeit, die Bruce Dickinson imponiert hätte, den Café-Betreibern einen Gig schmackhaft zu machen – immerhin sei man doch eine echte kosmopolite Prager Band mit eingängigen Riffs und lyrischen Texten. Das Prager Zentrum der Rockkultur wolle sich doch später nicht etwa vorwerfen lassen, eine Band, die unweigerlich einen lokalen Bekanntheitsgrad erreichen würde – ja eigentlich schon hat –, vor die Tür gestoßen zu haben?! So etwas komme nämlich in der Metal-Szene nicht unbedingt gut an. Und schließlich erhielt er die Zusage. Das bekannte Café im Herzen Prags kam zur Einsicht, dass die CD tatsächlich gefällige Songs bot und man Prager Bands tatsächlich unterstützen sollte. Außerdem sollte die Ausdauer des jungen Mannes belohnt werden – ein Frontmann und Schlagzeuger, der Bruce Dickinson von Iron Maiden zum Vorbild hatte, würde am Ende ohnehin bekommen, was er verlangte. Es stellte sich heraus, dass selbst der Eventmanager des Rock Cafés dessen Autobiografie mit großem Genuss gelesen hatte. Iron Maiden everywhere! Metal verbindet – nicht nur gehört, sondern auch erlesen.

Das Buch von Bruce Dickinson schildert sehr kurzweilig den Werdegang eines verwirrten Teenagers zu einem der größten Rockgiganten aller Zeiten. Ein steiniger Weg, der über eine schwierige Kindheit, eine konservative Schule und ein geisteswissenschaftliches Studium führte – letztere Stationen verbinden ihn mit dem Helden unserer Geschichte. In diesen faszinierenden Memoiren gibt der Autor einige kuriose Anekdoten zum Besten: So erzählt uns Bruce, der seine Band als ausgebildeter Pilot selbst mit dem privaten Band-Flugzeug Ed Force One um die Welt geleitet hat, dass er einst im Kalten Krieg als Mann aus dem „Westen" nicht im russischen Murmansk landen hätte dürfen und nach Finnland abdrehen musste. Oder dass er sich in Rio mitten auf der Bühne aus Zorn über den schlechten Sound mit einer zertrümmerten Gitarre eine massive Platzwunde zugeführt hatte – ein Umstand, der laut ihm, wie er es in seiner ganzen Bescheidenheit in seinem Buch ausdrückt, zu „300 000 new Iron Maiden fans" führte. Überhaupt begeistert diese Autobiografie mit dem Leben eines Tausendsassas, der Rockstar und Pilot ist, Romane schreibt und Radioshows moderiert. Wir erfahren nur wenig über sein Privatleben. Für so etwas hat dieser multitalentierte Mann einfach keine Zeit.

Wir schreiben nun schon den Sommer 2018. Es ist ein lauer Juniabend an einem Freitag, die beste Zeit zum Feiern, Tanzen, Trinken. Die große Kellerhalle füllt sich schön langsam mit Freunden, Familie, Arbeitskollegen, interessierten Prager Metal-Fans und einigen zufällig hereingestolperten Touristen. Bier und Gin werden ausgeschenkt, die Haargummis gelöst zum Headbangen, der Saal verdunkelt sich und die elektrifizierende Stille vor dem ersten Akkord ist spürbar, die Ruhe vor dem Gitarrengewitter. Und dann geht es los! „Was für ein Abend! Was für ein Erfolg!", denkt sich Christoph, am Ende des wilden Gigs völlig verschwitzt den Applaus genießend, und muss an sein Lieblingsbuch denken, in dem Bruce Dickinson immer wieder das wohltuende Bad in der Menge beschreibt.

Als Iron Maiden in den 1980er-Jahren in Warschau spielten, war die Stimmung derart enthusiastisch, dass jener sinnierte: „We could have stood on stage in underwear waving white flags and the reaction would have been the same." So ungefähr fühlte sich Christoph auch in diesem Moment.

Autobiografien sind ein beliebtes literarisches Genre. Sie offenbaren Leser*innen persönliche und intime – wenngleich natürlich gefärbte und zwangsläufig höchst subjektive – Einblicke in das Leben von Berühmtheiten. Liest man die Autobiografie seines großen Idols, dann sucht man unweigerlich – unbewusst vielleicht, aber dafür umso vehementer – nach Parallelen zum eigenen Leben. Man will sich ja zumindest ein bisschen ähnlich sein, will sich verbunden fühlen. Und diese Entsprechungen fand Christoph: Genau wie Bruce besuchte er eine konservative christliche Schule und ebenfalls wie Bruce wollte er seine Leidenschaft Musik mit einer akademischen Laufbahn verbinden. Bruce Dickinson beharrte darauf, sein Geschichtestudium abzuschließen, was bemerkenswert ist, weil er sich zu jener Zeit schon einen Namen als Rockmusiker gemacht hatte. Und diese akademische Note lässt er in seine Lieder einfließen, die oftmals Geschichteunterricht gepaart mit melodischem Metal sind, die Liste ist lang und hörenswert: *Run to the Hills*, *Alexander the Great*, *The Pilgrim* – um nur wenige zu nennen. Beharrlichkeit, Leidenschaft und das hartnäckige Streben nach Glück, auch das verbindet die beiden. Bruce ist die Personifikation von Iron Maiden und Christoph hat seinen Platz in der Prager Rockszene gefunden – als Fan und auf der Bühne einer der wichtigsten musikalischen Pilgerstätten der Stadt. Und alle, die in Prag leben oder schon einmal in dieser Bar gewesen sind, wissen, dass dies in der goldenen Stadt an der Moldau, in der Metal-Hauptstadt Europas, bereits so etwas wie ein musikalischer Ritterschlag ist.

Keep on rocking! Oder, um es in Bruce Dickinsons unwiderstehlicher Art zu sagen: „There are basically two categories of music – Metal and bullshit!"

Bruce Dickinson
* 7. 8. 1958 in Worksop, England

Wie Dickinson in seiner Autobiografie schreibt, war er ein nicht geplantes Kind, das bei seinen Großeltern aufwuchs. Er kam später auf eine christliche Eliteschule, die biedere Absolventen hervorbringen wollte. Seine Künstlernatur war aber stärker, die Züchtigungen steckte er weg und er entdeckte seine Leidenschaft für Rockmusik. Über die Garagenband Styx führte ihn der Weg am Queen Mary College zu Samson, mit der er erste Erfolge feierte, sodass er bisweilen sogar sein Geschichtsstudium dafür unterbrach. Seine akademischen Sporen kamen ihm bei Iron Maiden zugute, der Song *Run to the Hills* über den Völkermord an den amerikanischen Ureinwohner*innen stürmte die britischen Charts. Es ist nur einer von vielen Songtexten mit historischem Hintergrund. Der Rest ist Rockgeschichte. Die Band hat mit Frontmann Bruce Dickinson bisher 12 Alben aufgenommen und über 100 Millionen Tonträger verkauft. Dickinson selbst versuchte sich auch als Romancier (hat damit allerdings viel weniger Erfolg als mit Musik), moderiert Radioshows und nimmt an Fechtwettbewerben teil. 2014 erkrankte er an Krebs, mittlerweile gilt er als gesundet. Er präsentiert sich weiterhin als Energiebündel und Iron Maiden geht nach wie vor regelmäßig auf Tournee. Über all das erzählt er uns mit viel Humor in seiner kurzweiligen Autobiografie *What Does This Button Do?* (2018).

Der verschmähte Englischlehrer

Margaret Atwoods Der Report der Magd und die Reden des Poeten und Politikers Václav Havel

Das Jahr 1989 war ein Wendejahr für Europa, heutzutage sprechen wir im Rückblick gerne von einem Siegeszug der Demokratie. Tausende Menschen demonstrierten auf den Straßen Warschaus, Budapests und Berlins, in den baltischen Staaten formte sich gar eine 600 Kilometer lange Menschenmenge, um Freiheit und Rechtsstaatlichkeit einzufordern. Die Berliner Mauer fiel, die Ungarn zerschnitten den Eisernen Vorhang und in der Tschechoslowakei demonstrierte man tagelang, bis die kommunistische Führung schließlich zurücktrat. Aus dieser „Samtenen Revolution" ging ein Dissident und Poet, der bekannt für seine absurden Theaterstücke war, als Präsident hervor: Václav Havel.

Unsere Geschichte beginnt genau in diesem Jahr. Honza, der in der böhmischen Kleinstadt T. geboren und aufgewachsen war, zog in die Hauptstadt Prag, um dort Literaturwissenschaft zu studieren. Nach der Wende fielen Amerikaner*innen in Massen in der „goldenen Stadt" ein, also war es nicht schwer, Lektor*innen für anglophone Literatur zu finden.

Diese sollte *die* Leidenschaft des jungen Mannes werden. Es war überhaupt eine recht intensive Phase des tschechisch-amerikanischen Austausches, so lud man etwa den neugewählten Präsidenten Václav Havel nach Washington D. C., um vor dem Kongress eine Rede zu halten. Dieser Einladung folgte der Dramatiker und Philosoph gerne und schenkte dem amerikanischen Publikum eine flammende Rede, die dutzende Male mit Standing Ovations unterbrochen wurde. Die Leute waren verblüfft, verwirrt und vor allem begeistert. Einen Politiker, der so tiefgründige und zukunftsorientierte Gedanken äußern konnte, schickte der Himmel. Es zeigte zudem, dass große Schriftsteller*innen in bedeutungsvollen Zeiten Großes bewirken können. Alles befand sich in Aufbruchsstimmung, eine Goldgräbermentalität machte sich breit, die ganze Tschechoslowakei war wie das restliche Osteuropa mitten in der Transformation zu Wohlstand, Frieden und Demokratie. Auch Honza spürte diesen enormen Optimismus, das freie Denken und den intellektuellen Diskurs. Er studierte fleißig und sah seiner Zukunft sorglos entgegen. Bis man 1992 die Unterlagen der Staatssicherheit öffentlich machte, welche über 200 000 Namen von Spitzeln enthielt. Die Geheimdienste funktionierten in allen kommunistischen Ländern nach dem gleichen Muster: Tausende Informant*innen horchten ihre Nachbarn und Familien aus, oppositionelles Denken war verboten, die Medien unterlagen einer strengen Zensur, Intellektuelle wurden diffamiert und eingesperrt, alle Staatsbürger*innen überwacht, kontrolliert und bei Verstößen gegen die Norm bestraft. Ein gutes Beispiel liefert in literarischer Form der tschechische Romancier Milan Kundera in seinem ersten Roman *Der Scherz*, in dem sich ein Student einen einzigen Scherz über die Kommunisten erlaubt und hierauf die nächsten Jahre in der Kohlegrube zu schuften hat. Es war eine Zeit, in welcher der beste Freund und der eigene Bruder die größten Feinde sein konnten.

So enthüllten die öffentlich gemachten Spitzellisten auch den Namen von Honzas Vater. Und nachdem es der einzige Name eines Einwohners der kleinen Stadt T. war, wusste die restliche Stadtbevölkerung nunmehr, wer ihre Freunde und Verwandten einst wohl der Geheimpolizei ausgeliefert hatte. Wegen Banalitäten. Honza selbst erinnerte sich nur dunkel daran, dass er einmal, er war noch ein Junge, seinen Vater ins Telefon flüstern hörte: „Mein Nachbar Herr J. hört Radio Europa, die Radiostation unseres Feindes und der Freidenker." Als derselbe Herr J. am nächsten Tag von der Polizei abgeholt wurde, wollte Honza seinen Vater zwar zur Rede stellen, doch wagte es schlussendlich nicht – der alte Herr war herrisch und cholerisch veranlagt, also ließ er es sein.

Nun, 1994, ein Jahr nach der „Samtenen Revolution" und einige Monate nach dem Tod seiner Mutter, kehrte Honza als Jungakademiker nach T. zurück, um eine Stelle als Englischlehrer anzunehmen. Sein Vater war bereits 1991 verstorben, daher bezog er das geerbte elterliche Haus im Zentrum der Stadt. Eine Rückkehr von der Großstadt in den ländlichen Raum, vom kosmopoliten in ein dörfliches Umfeld, von der Hektik zur Entschleunigung, zurück zu den Wurzeln, in die Heimat. Jedoch, es sollte nicht so einfach werden. Manche Dorfbewohner*innen hatten die Gräueltaten des Vaters nicht vergessen, und so wachte Honza eines Tages auf und sah Tomaten an seinen Fenstern kleben, ein anderes Mal war sein Auto zerkratzt, und am Wochenendmarkt verweigerte man ihm den Kauf von frischem Gemüse. Auch in der Schule spürte er die Ressentiments, ein Teil seines Kollegiums ignorierte ihn, manche Schülerinnen und Schüler, von ihren Eltern wohl indoktriniert, brachten ihre Hausübungen nicht, störten während der Stunde und missbilligten alle didaktischen Bemühungen mit zornigen Blicken. Der Jungpädagoge war verzweifelt, hatte schlaflose Nächte, sinnierte über die Frage, ob es nur die gerechte Strafe dafür sei, für die Sünden seines Vaters, die er als Junge geflissentlich ignoriert hatte, büßen zu müssen. Aber er liebte seinen Heimatort, liebte das Unterrichten, und so kam ihm – wie so oft in seinem Leben – eine ganz besondere Hilfe: von literarischer Seite.

Die kanadische Schriftstellerin Margaret Atwood schrieb Mitte der 1980er-Jahre und damit in einer Zeit, als in der Tschechoslowakei derartige Bücher nicht gelesen werden durften, den Roman *The Handmaid's Tale* (dt.: *Der Report der Magd*), eine dystopische Erzählung über einen Überwachungsstaat namens Gilead im heutigen Amerika. Die titelgebende Magd ist eine Zwangskonkubine, die monatlich ihrem Herrn zum Beischlaf zugeführt wird. Der lustlose Akt hat nur einen Zweck: Kinder zu gebären und die Gesellschaft zu erhalten. Dieser Erzählstrang hat natürlich nichts mit kommunistischen Regimen zu tun, aber die Beschreibung der totalen Überwachung, der starren gesellschaftlichen Strukturen und der Macht des Polizeiapparates umso mehr.

Diesen Roman gab Honza seinen Schüler*innen zu lesen und übersetzte mit ihnen zum besseren Verständnis sogar Teile auf Tschechisch. Obwohl manche Querulanten wie stets seine Stunden ablehnten und störten, entwickelten die meisten ein gewisses Interesse, eine Neugier, eine Faszination von dieser kranken Dystopie, in der Frauen auf Gebärmaschinen reduziert werden. Honza nutzte die Romanbesprechungen, um ganz allgemein über totalitäre Systeme zu sprechen – über die totale Überwachung, über die Angst der Bürger, etwas Falsches zu tun, über die Bereitschaft, aufgrund dieser Angst dem Staat als Spitzel zu dienen, über Gehirnwäsche, über dunkle Geheimnisse, über seine Scham über einen Vater, der Leid über andere gebracht hatte, um seine eigene Familie zu schützen. Und er trug den Schüler*innen auf, auch das letzte Kapitel des Romans aufmerksam zu lesen: Lange nachdem der Gilead-Horror ein Ende fand, sitzt eine Gruppe von Historiker*innen über dem Bericht der Magd – eines der wenigen Dokumente über diese totalitäre Hölle, das gerettet werden konnte und somit zum besseren Verständnis beiträgt. Sie sind sich bewusst, dass ihr Wissen über diese Zeit fragmentarisch bleibt, dass sie die genauen Motive dieses grotesken Gesellschaftsmodells nicht definitiv deuten können, und dass man aus rückblickender Perspektive möglichst nicht mit dem erhobenen moralischen Zeigefinger urteilen sollte. Honza bläute seinen Schüler*innen zwar ein, dass man die Gräueltaten der Geschichte nie schönreden dürfe, und sie, darüber hinaus, nicht so akademisch kühl wie in diesem letzten Kapitel dargestellt betrachten müsse, aber dass ein retrospektives Scherbengericht tatsächlich kontraproduktiv sei. Und er beendete die letzte Stunde, die sich dem Roman und seinen Themen widmete, mit dem schönsten Zitat Václav Havels, das er einst den Demonstrant*innen auf dem Wenzelsplatz im November 1989 zugerufen hatte: „Die Wahrheit und die Liebe müssen über Lüge und Hass siegen!"

Und siehe da, es zeigte Wirkung. Irgendwie verstanden die jungen Leute, die vor ihm saßen. Irgendwie wurde ihnen bewusst, dass jener Mann, der ihnen die Liebe zum anglophonen Kulturraum Tag für Tag näherbringen wollte, nicht jener Mann war, der einst ihre Eltern und Großeltern denunziert hatte. Sie spürten den Schmerz des jungen Pädagogen, seine

Scham. Sie respektierten sein Bemühen und fanden Gefallen an der Literatur, sowohl der amerikanischen als auch der tschechischen, und schätzten es wert, dass sie nun in einem Land leben konnten, wo jedes Buch gelesen werden durfte. Diese Empathie breitete sich allmählich ebenso unter den ihm missgesonnenen Kolleg*innen aus, sogar manche Eltern schlugen fortan einen freundlicheren Ton an.

Gegen Ende des ersten Schuljahres, als der junge Anglist in der Nachmittagssonne nach Hause schlenderte, gesellte sich Klara, die Nichte des einst von der Geheimpolizei abgeholten Nachbarn, zu ihm. Jene Klara, die ihn bisher verschmäht hatte, ihm böse Blicke zugeworfen und einmal am Anfang des Schuljahres mitten auf dem Bauernmarkt als Kollaborateur beschimpft hatte. Jene Klara, die nun alleine im Haus ihres Onkels wohnte und an die er manchmal dachte, deren Verständnis und Vergebung er am meisten begehrte, und die sich plötzlich auch empathisch zeigte und ihn anlächelte. Nun, so schien es, dass er mithilfe der Lektüre von Atwood und Havel – und viel gutem Willen und Optimismus – sein Ziel erreicht hatte. Er war in seinem Heimatort wieder willkommen. Wir beschließen diese Episode mit einer wichtigen Erkenntnis, jener, dass Zorn uns lehren kann, anderen zu vergeben. Dass Leid uns lehren kann, Mitgefühl auszudrücken. Und dass Angst und Furcht uns lehren können, Freiheit, Geborgenheit und Eintracht zu schätzen und zu bewahren. Und dies zu vermitteln, das ist die erhabene und so wichtige Aufgabe von Literatur – großer und kleiner.

Margaret Atwood
* 18.11.1939 in Ottawa

Universitätslektorin, Literaturkritikerin, Menschenrechtlerin und Trickzeichnerin – und schon seit den frühen 1960er-Jahren schreibend: Die Doyenne der kanadischen Literatur ist eine der bedeutendsten literarischen Stimmen der Gegenwart. Ihre zahlreichen Romane und Gedichtsammlungen wurden mit den wichtigsten Literaturpreisen ausgezeichnet, darunter der Man Booker Prize (für *The Blind Assassin*, 2000) und der National Book Critics Circle Award für ihr Lebenswerk. Margaret Atwood ist eine der kunstvollsten Stilistinnen der erzählenden Literatur – garniert mit Experimentierfreudigkeit und sozialen und feministischen Belangen zählt ihr Werk zur Champions League der Gegenwartsliteratur. Sie selbst hat den Begriff „Speculative Fiction" geprägt, ein Genre, zu dem auch *The Handmaid's Tale* (1985) gehört, und in dem sie bereits existierende Gesellschaftsstrukturen und Technologien in einer dystopischen Zukunft beschreibt – im Gegensatz zur „Science-Fiction", welche Dinge beschreibt, die es (noch) nicht gibt. Im Übrigen hat diese vielfältig talentierte Dame einen herausragenden Roman zum Thema „Life imitating Art" geschrieben, nämlich *Hag-Seed* (2016), in dem sich ein alternder Theaterregisseur plötzlich in Shakespeares *The Tempest* wiederfindet. Beide, das Shakespeare-Stück und Atwoods Version, sind Meisterwerke. 2019 bekam Margaret Atwood den Booker-Preis zum zweiten Mal verliehen, diesmal für *The Testaments* (dt.: *Die Zeuginnen*), der Fortsetzung von *The Handmaid's Tale*.

Václav Havel
* 5.10.1936 in Prag
† 18.12.2011 in Hrádeček im Riesengebirge

Der tschechische Schriftsteller und Politiker verdingte sich zuerst als Chemielaborant, ehe er 1954 die Abendmatura machte. Das Studium der Geisteswissenschaften blieb dem jungen Mann in Zeiten des Kommunismus allerdings verwehrt, weshalb sich der Kulturliebhaber eine Stelle als Bühnentechniker suchte und als solcher allmählich zum Hausautor des Theaters „Na Zábradlí" (dt.: „Am Geländer") in Prag mutierte. Seine Stücke stehen in der Tradition des „absurden Theaters", eine vielleicht logische Folgeerscheinung des politischen Klimas zu jener Zeit – zu nennen sind beispielsweise *Das Gartenfest* (1963) und *Das Memorandum* (1965). Havel war einer der führenden Intellektuellen des Prager Frühlings; nach dessen Niederschlagung blieb er weiterhin eine Stimme des Widerstands. Er verbrachte im Zuge seines Aktivismus rund fünf Jahre im Gefängnis, was er in *Briefe an Olga* (1989) literarisch verarbeitet. Nach der Wende wurde er Präsident der Tschechoslowakei und nach der „samtenen Scheidung" Präsident der Tschechischen Republik (bis 2003). Sowohl der Literaturnobelpreis als auch der Friedensnobelpreis – für beide wurde er vorgeschlagen – sollten ihm verwehrt bleiben, was seinem Heldenstatus in Tschechien bis heute allerdings keinen Abbruch tut.

Geschichtsunterricht von unten

Swetlana Alexijewitsch und Secondhand-Zeit

„Eastern Europe is special. It is Europe, only more so. It is a place where people live and die, only more so", schreibt die US-amerikanische Osteuropaexpertin Marci Shore in ihrem exzellenten Buch *The Taste of Ashes* (2013). Osteuropa – dazu gehört für viele Menschen aus dem Westen auch Tschechien, obwohl dessen Hauptstadt Prag westlicher liegt als Wien. Doch der Begriff ist eben kein rein geographischer, sondern einer, der den Teil des Kontinents jenseits des früheren Eisernen Vorhangs meint. Nach dessen Fall intensivierten sich die österreichisch-tschechischen Beziehungen, und so etablierte man in den frühen 1990er-Jahren ein österreichisches Gymnasium in Prag, an dem der Schüler Martin 2020 maturierte. Dies ist seine Geschichte.

Der Eiserne Vorhang hat die Grenzen zwischen Ost- und Westeuropa 40 Jahre lang dicht gemacht. Und selbst heute, 30 Jahre später, ist für viele, die westlich des Vorhangs gelebt haben, schwer zu fassen, was sich während der kommunistischen Zeit abgespielt hat. Die belarussische Literaturnobelpreisträgerin

Swetlana Alexijewitsch hat hunderte Lebensgeschichten und Erinnerungen zusammengetragen und in ihrem Reportage-Band *Secondhand-Zeit* für uns aufgeschrieben. Ihr Anspruch ist es, „alle Beteiligte am sozialistischen Drama … fair anzuhören." Und das macht sie auch: Sie hört zu, stellt bisweilen Fragen, aber wertet nicht. Sie bietet uns einen Einblick in die Gefühlswelt und Lebensrealität jener Menschen, die ihr Geschichten erzählen, aber sie überlässt es uns, darüber zu urteilen. Oder vielmehr: Sie überlässt uns die Entscheidung, ob wir darüber überhaupt ein Urteil fällen wollen.

Eines Tages entdeckt Martin, mehr als zehn Jahre nach der „Wende" geboren, dieses faszinierende Buch auf dem Küchentisch seiner Oma. Er beginnt zu lesen und taucht tief in die Geschichte der Sowjetunion ein. Er liest mit Staunen und Faszination und sieht seinen Eindruck, den Erzählungen seiner Großeltern hinterlassen haben, bestätigt: In jeder Familie gibt es irgendjemanden, dem zu dieser Zeit Leid und Unrecht widerfahren ist. Darüber hinaus: Je weiter im Osten, so scheint es, desto stärker haben die einfachen Leute unter dem Regime gelitten. Das Buch ist gefüllt mit Trauer und Tränen, mit Leid und Lebenskrisen, mit Depression und Dunkelheit. Es wird viel geweint, und bisweilen viel getrunken. In dieser Oral History wird nichts durch die rosarote Brille betrachtet.

Secondhand-Zeit ist ein Buch, das nur schwer einem Genre zugeordnet werden kann. Es ist eine bunte und fesselnde Collage aus Erinnerungen und die Autorin lässt wirklich alle Beteiligtendimensionen zu Wort kommen: Student*innen, Arbeiter*innen, Künstler*innen, Parteifunktionär*innen, Geschäftsleute, Gulag-Überlebende. Es ist ein Querschnitt durch die Gesellschaft. Das Einzige, was diese Menschen gemeinsam haben: Sie gehören zum Menschentyp des „Homo

Sovieticus". „Wir alle, die Menschen aus dem Sozialismus, ähneln einander und sind anders als andere Menschen", schreibt Alexijewitsch im Vorwort der deutschen Ausgabe. Martin beginnt, sich intensiv für die Vergangenheit zu interessieren; versucht auch, sich in die Gedanken- und Gefühlswelt der verbliebenen Nostalgiker*innen hineinzuversetzen und sie zu verstehen, und dass die Wende nicht überall den unmittelbaren Wohlstand und die Freiheit gebracht hat, so wie es manchmal behauptet wird: Eine Frau etwa erzählt in der *Secondhand-Zeit*, dass sie als Mädchen in der Schule verspottet worden sei, weil sich ihre Eltern keine Leggins leisten konnten. Und er nimmt sich die Maxime der Autorin zum Vorbild: Wir sollen einander verstehen, nicht übereinander urteilen. Wir sollen andersdenkenden Menschen zuhören und nicht belehren. Und wir sollen dankbar sein, dass wir nun viele Möglichkeiten haben, die unsere Eltern und Großeltern nicht hatten. Als Martin in der Tramway die letzten Seiten des Buches liest und am Palackého Náměstí in Prag aussteigt – dort, wo sich heutzutage Jung und Alt auf Bier und Kaffee treffen –, hat er eine Erkenntnis, die ihn zu Tränen rührt: „Ich habe es gut im Leben! Alles ist gut! Meine eigenen Sorgen sind geradezu lächerlich im Vergleich zu jenen der Menschen früher." Das Buch lässt ihn seine Sorgen in Relation setzen. „Das ist ein Schlüssel zum Glück", denkt sich Martin, bewegt über diese elementare Erkenntnis. Und es ist eine zarte Ironie, dass diese Schlussfolgerung nicht ein Lebenshilfe-Ratgeber ausgelöst hat, sondern eine düstere Memoirensammlung über Trauer und Leid. In diesem Moment – James Joyce würde es eine Epiphanie nennen – fühlt er sich so unglaublich lebendig und voller Energie und er schwört sich selbst, in diesem Leben, das ihm alle Möglichkeiten bietet, stets das Beste aus den Umständen zu machen. Und genau das setzt Martin in die Realität um: Er lernt mehrere Sprachen und beschäftigt sich damit auch gleichzeitig mit anderen Kulturen und ihren Menschen, maturiert am österreichischen Gymnasium mit Auszeichnung und trägt als Schulsprecher aktiv zu einem angenehmen Schulklima bei.

Heute empfiehlt Martin die Lektüre des Buches *Secondhand-Zeit* auch, oder vielleicht vor allem, Menschen aus dem „Westen". Ihn selbst zog es nach der Matura in Prag nach Wien. Es irritierte ihn teilweise, wie wenig seine österreichischen Kommiliton*innen über den Alltag im Sozialismus wussten, wie elitär-akademisch sie sich dieser Ideologie annäherten, teilweise so verklärt, dass er darüber nur den Kopf schütteln konnte. Das Buch bietet eine andere, eine authentische Perspektive, eine Sichtweise jener Menschen, die auf den *Trümmern des Sozialismus,* wie es so treffend im Untertitel der deutschen Ausgabe heißt, leben. Und seien wir uns doch ehrlich: Wie kann man über eine historische Epoche besser lernen als durch die Gefühle und Geschichten von Menschen, die zu jener Zeit gelebt haben? Oder, um es in der unprätentiösen Sprache von Swetlana Alexijewitsch zu sagen: „Ich staune immer wieder, wie interessant das normale menschliche Leben ist."

Swetlana Alexandrowna Alexijewitsch
* 31. 5. 1948 in Stanislaw, heute Iwano-Frankiwsk in der Ukraine

Bereits früh entwickelte die Journalistin – sie studierte in Minsk – ihren ganz eigenen Stil als Autorin: eine literarische Annäherung an das alltägliche Leben mithilfe von Gesprächen, Interviews und Eindrücken quer durch die Gesellschaft. Sie sei mehr an Gefühlen als an Fakten interessiert, bekannte sie einmal, und bezeichnet sich selbst als „Menschenforscherin". Eine grandiose Gabe, die für ihr Schaffen entscheidend ist: Sie kann gut zuhören – und das, was ihr erzählt wird, in bodenständiger aber eindrücklicher Sprache zu Papier bringen. Ihre Werke sind Kakophonien von Eindrücken, die gekonnt in literarische Collagen verwoben sind. Dazu zählen etwa die in deutscher Sprache erschienenen Werke *Der Krieg hat kein weibliches Gesicht* (1985), *Zinkjungen* (1989, über den ersten Afghanistankrieg), *Tschernobyl. Eine Chronik der Zukunft* (1997) und eben *Secondhand-Zeit* (2013). 2015 verlieh man Alexijewitsch für ihr „vielstimmiges Werk, das dem Leiden und Mut in unserer Zeit ein Denkmal setzt" – sie schreibt übrigens in russischer und nicht in belarussischer Sprache – den Literaturnobelpreis. Diese unglaublich mutige Frau hat wiederholt das Lukaschenko-Regime kritisiert und ist trotzdem vorerst in Minsk verblieben. Ende 2020 musste allerdings auch sie ihre Heimat, wo ihre Bücher verboten sind, verlassen.

Tiefenentspannung auf den Cookinseln

Robert Louis Stevenson und seine Südsee-Tagebücher

The first experience can never be repeated. The first love, the first sunrise, the first South Sea island, are memories apart, and touched a virginity of sense.
Robert Louis Stevenson beim Anblick der Marquesas-Inseln in seinem Reisetagebuch *In the South Sea* (28. Juli 1888)

Die Südsee ist seit jeher ein Ort der Sehnsüchte und Träume und auch heute noch eine ergiebige Quelle paradiesischer Konnotationen: eruptierte Eilande, Palmenstrände, Korallenriffe, tropische Früchte, Südseemädchen mit Blumenkränzen. Es ist kein Wunder, dass Dichter seit mehreren hundert Jahren den Südpazifik ersehnen: meistens, um Inspiration zu finden, manchmal, weil es der Gesundheit zuträglich ist, bisweilen aus beiden Gründen. Manche bleiben kurz, andere länger – einer verweilte gar bis zu seinem Tod auf Samoa. Die Menschen vor Ort liebten ihn so sehr, dass sie ihm einen polynesischen Namen verliehen: Tutsitala, der Geschichtenerzähler. Die Rede ist natürlich von Robert Louis Stevenson. Unsere Geschichte führt uns aber zunächst einmal nach Australien: Sven war ein besonders ehrgeiziges Beispiel aus der deutschen Arbeiterschaft, die im Allgemeinen für Kompetenz, Eifer und Genauigkeit steht. Von seinem Arbeitgeber, einem bekannten Automobilhersteller, wurde er schon mehrmals befördert: vom einfachen Monteur zum Vorarbeiter, hierauf zum Abteilungsleiter, und nunmehr – nach erfolgreich absolvierten Management- und Englischkursen – zum Leiter für den australischen Markt, wo er das Offroad-Segment ausbauen sollte. Er kannte die technischen Details, das wirtschaftliche Umfeld, ja sogar die topographischen Bedingungen des Kontinents am anderen Ende der Welt; allein die Mentalität und das Lebensgefühl der Australier*innen waren ihm einstweilen ein wenig verschlossen geblieben.

Die Australier*innen erfahren zwar häufig ähnliche Zuschreibungen als fleißige und kompetente Arbeiter*innen, aber im zwischenmenschlichen Bereich – auch wenn es um das Geschäft geht – werden sie zuweilen als „laidback" bezeichnet, sie gelten also als sehr entspannt. Diese Eigenschaft wird in Europa normalerweise bewundert und als beruhigend empfunden. Sven jedoch machte es rasend vor Zorn, wenn Meetings ein wenig später als vereinbart begannen, wenn zuerst über die Familie und erst dann über Autoimporte gesprochen wurde, ja, wenn die Atmosphäre bei einem Geschäftsessen so war, als würde man in einem Strandlokal ein Bier trinken. Dass Sven dabei stets geschniegelte Anzüge mit Krawatte trug, während seine australischen Verhandlungspartner in Flip-Flops und Polohemden auftauchten, verstärkte den Eindruck, dass hier tatsächlich zwei Kulturen aufeinanderprallten. Sven wurde immer „unrunder" und es zeichnete sich eine Kollision ab. Da hatten die australischen Automobilexpert*innen eine grandiose Idee: Um Sven für die gute Zusammenarbeit und vorbildliche Verhandlungsführung Dankbarkeit zu zollen, schenkten sie ihm einen zehntägigen Urlaub auf den Cookinseln. Lächelnd versicherten sie ihm, dass dieser Aufenthalt seiner Gesundheit sehr zuträglich sein würde. Nicht umsonst habe der große schottische Dichter Stevenson seinen letzten Lebensabschnitt auf Südseeinseln verbringen wollen. Nun war Sven nicht gerade jemand, der an den gängigen Südseeklischees Gefallen fand, lebte er doch ausschließlich für die Arbeit, die gleichzeitig seine große Leidenschaft umfasste, nämlich Autos. Er wollte den Deal aber nicht platzen lassen und sagte ebenfalls lächelnd – wenn auch ein wenig zähneknirschend – zu. Als Reiselektüre steckten ihm seine Kolleg*innen das Südseetagebuch *In the South Seas* von Robert Louis Stevenson zu, in dem der berühmte Schriftsteller seine pazifischen Abenteuer farbenfroh ausgeschmückt dokumentiert.

Die Insel Rarotonga ist ein eruptiertes Eiland im zentralen Südpazifik, bedeckt mit tropischer Vegetation und geschützt von einem malerischen Korallenriff. Man kann Bananen und Mangos von den Bäumen pflücken, im badewannenwarmen Korallenwasser bunte Fische beobachten, am Sandstrand unter Kokospalmen ruhen und sich einen Cocktail servieren lassen. Soll heißen, falls man Geduld dazu aufbringt. Denn wenn man das Gemüt der Australier als „laidback" bezeichnet, dann sind Cook-Insulaner wohl schon „horizontal", also die Weltmeister, was einen „zurückgelehnten" Lebensstil betrifft. Während die erstgenannten Vorzüge der Insel Sven durchaus ein anerkennendes Schmunzeln abrangen, trieb ihn der Gemütszustand, dem er nun zehn Tage ausgesetzt sein sollte, schier zur Weißglut. Es begann am Flughafen, wo man ihm einen Lei – den für die Region so typischen Blumenkranz – um den Hals hing und er danach eine halbe Stunde auf den Bus wartete, nur um herauszufinden, dass dieser, sofern man dem Fahrer nicht zuwinkte, ohnehin nicht stehenblieb. Im Hotel servierte man ihm einen Begrüßungscocktail, auf das Essen musste er hingegen länger warten, genoss der Koch schließlich noch einen kleinen

Strandspaziergang. Am nächsten Tag reservierte Sven telefonisch einen Scooter, um wenigstens ein bisschen seiner Leidenschaft – einen fahrbaren Untersatz unter sich zu haben – frönen zu können, jedoch wurde das Gefährt erst eine knappe Stunde nach der vereinbarten Zeit geliefert. Als er bei einem Kaffeehaus (Kaffeehütte wäre wohl der bessere Ausdruck) stehen blieb, um sich mit einem Frappé zu erfrischen, machte es ihn schier perplex, als sich die Bedienung, nachdem sie seine Bestellung aufgenommen hatte, wieder zu ihrem Kaffeekränzchen setzte, um zuerst ihre eigene Tasse zu leeren. Als Sven schließlich nach einer Inselumrundung bei der Tankstelle seinen Scooter mit Treibstoff wieder auffüllte, beim Bezahlen aber bemerkte, dass die Kassa nicht besetzt war, brach er frustriert zusammen, verwünschte das Geschenk seiner australischen Kollegen, setzte sich vor die Zapfsäule und fluchte in einer Sprache, welche die Cook-Insulaner*innen glücklicherweise nicht verstanden. Nach einigen Minuten kam die Tankwärterin vor die Tür, setzte sich zu ihm, begann eine Mango zu spalten, und fragte ihn: „Warum bist du so aufgebracht"?
Normalerweise liebten Leute aus dem Westen das Leben in der Südsee, einige Dichter und Maler haben es gar als Paradies beschrieben. Eine Liebe auf den ersten Blick war es für Sven schon einmal nicht: „Niemand nimmt mich ernst! Alle verschwenden meine Zeit – dabei bin doch *ich* der Gast, und der ist überall der König! Ich will weg von hier", lamentierte er.
Die Dame nahm den Wortschwall samt harschem Akzent gelassen und grinsend zur Kenntnis, reichte dem Häuflein Elend eine Mangoscheibe und fragte den verdutzten Herrn: „Warum bist du denn so in Eile, es läuft dir doch nichts davon! Wenn du weg willst, mit Verlaub, warum bist du dann überhaupt hergekommen?"

„Ich bin unfreiwillig hier, die Reise war ein Geschenk. Und überhaupt – zu viel Arbeit wartet auf mich, ich kann meine Zeit nicht einfach mit Nichtstun vertrödeln." Die Dame reichte ihm abermals eine Mangoscheibe und schmunzelte noch breiter: „Komm doch morgen um die Mittagszeit wieder. Da habe ich frei und werde dir die Schönheiten der Insel ein bisschen näherbringen. Außerdem schuldest du mir 20 Dollar für den Benzin – aber um das Geld kannst du mich morgen auch zum Kaffee einladen."

Als der schwerkranke Robert Louis Stevenson nach Samoa zog, war die Insel mit ihrem Klima, den Einwohner*innen und deren Lebensstil die beste Medizin, die er sich wünschen konnte. Es war wohl Liebe auf den ersten Blick und er entschied sich, seinen Lebensabend hier zu verbringen, baute sich eine Hütte, erfreute sich am Ernten tropischer Früchte, lernte die Sprache und kam bald wieder zu besserer Gesundheit, sodass er die Insulaner liebevoll und in Dankbarkeit „God's sweetest creation" nannte. Ob selbst unser tüchtiger Sven trotz aller Anlaufschwierigkeiten doch noch eine wundersame Wandlung zum Südseeliebhaber durchlaufen würde?

Natürlich war Sven am nächsten Tag überpünktlich zehn Minuten vor High Noon zugegen, musste aber wiederum eine halbe Stunde warten, bis Insulanerin Lizzie mit ihrem Sarong (Wickelrock) umgebunden vor ihm stand und bereit für den gemütlichen Teil des Tages war. Sie stoppten bei einem Café auf der Inselhauptstadt Avarua, wo sie ihm ein Bananenbrot zum Kaffee empfahl. Weiter ging es danach zum Queen's Representative House – das Domizil des offiziellen Vertreters der britischen Krone, welches genau an der Stelle erbaut wurde, die sich am besten zum Schnorcheln

im Korallenriff eignete. Lizzie kramte eine Taucherbrille mit Schnorchel aus ihrer Tasche hervor, reichte sie Sven und sagte im Befehlston: „Komm nicht eher aus dem Wasser heraus, ehe du Fischlein in zehn verschiedenen Farben bewundert hast!"
Nach einer Stunde watete der Autonarr aus dem Wasser, lächelnd, jedoch ein wenig erschöpft, und gesellte sich zu seiner Begleiterin unter den Palmenbaum. „Acht habe ich gezählt", merkte Sven an, „aber ich will morgen wiederkommen."
Der nächste Stopp war ein Strandcafé an der Ostseite der Insel, wo sie beide bei Cocktails den Blick auf einige vorgelagerte Inseln genossen. „Dort kann man Ruhe finden, wenn man wirklich alleine und bei sich sein will", flüsterte Lizzie Sven zu.
So weit war er aber dann doch noch nicht.

Am nächsten Tag wiederholte sich die Szene vor der Tankstelle, Sven war abermals pünktlich, diesmal jedoch regelrecht spät für seine Verhältnisse – das heißt nur fünf Minuten zu früh. Er und seine Begleitung stoppten am Markt, wo sie Mangos und Bananen kauften, dann ging es Richtung Inselzentrum zu einem malerischen Wasserfall.
Lizzie strahlte ihren Begleiter an: „Entledige dich deiner Kleider, komm, spring in das kühle Nass! Keine Sorge, ich wende dir derweil den Rücken zu."
Als Sven erfrischt aus dem Wasser kletterte und sich wieder bekleidet hatte, reichte ihm die Insulanerin Mango- und Bananenscheiben, schmunzelte und stellte fest: „Du bist doch kein hoffnungsloser Fall. Du bist auf einem guten Weg, die gesundheitlichen Vorzüge der Insel und die Anwendung der Island Time zu verinnerlichen."
„Was meinst du mit ‚Island Time'"?

Da lächelte sie noch mehr, bat Sven um einen Chauffeurdienst nach Hause, und ließ ihn versprechen, sie vor seiner Abreise noch einmal zu besuchen. Und er solle während seines Aufenthaltes bloß kein einziges Mal an seine Arbeit denken!

Am Tag vor seiner Rückkehr nach Australien fuhr Sven abermals zur bekannten Tankstelle. Er habe, verkündete er Lizzie stolz, eine Bar an der Westseite mit dem schönsten Sonnenuntergang entdeckt. Wenige Stunden später fanden sie sich dort bei Rum in einer Kokosnuss am Tisch wieder. Lizzie fragte ihn: „Warst du wieder schnorcheln?"

„Sowieso", antwortete Seven, „ich halte bei zwölf verschiedenen Fischfarben, vielleicht kommen beim nächsten Mal noch welche dazu."

„Also willst du zurückkommen?"

„Das wäre sehr schön", grinste er.

Und so plauderten sie lange, nachdem die rote Sonne in den unendlichen Weiten des Südpazifiks getaucht war und es war nach Mitternacht, als Sven verdutzt bemerkte, dass er doch am nächsten Morgen einen Flug zu erreichen hatte, außerdem müsse er noch packen. Lizzie grinste, umarmte ihn, wünschte ihm alles Gute und meinte: „Jetzt hast sogar du verstanden, was ‚Island Time' bedeutet."

Und fast war es nun so, dass Sven, als er ein wenig wehmütig das Flugzeug betrat, den großen schottischen Erzähler, dessen Südsee-Memoiren er mit großem Interesse gelesen hatte, ein wenig beneidete, weil dieser aus einem ursprünglich kurzen Aufenthalt in dieser betörenden Inselwelt einen ganzen Lebensabschnitt machte. Überhaupt hatte er in einem Buchladen auf der Insel auch dessen Südsee-Romane sowie weitere von Herman Melville und William Somerset Maugham erworben, damit ihn der salzige Wind der Südseearchipele nach seiner Rückkehr auf das australische Festland zumindest literarisch umwehen würde. Und der nächste Urlaub konnte ja nicht allzu weit in der Zukunft liegen.

Als Sven nach seiner Reise zum ersten Mal zu einem Geschäftsessen erschien, mussten seine australischen Partner zweimal hinsehen, um ihren europäischen Kollegen zu erkennen. Er trug schicke (kurze!) Hosen und ein Polohemd – Kleidung, die er auf Rarotonga erstanden hatte – und zeigte sich gebräunt. Und war das tatsächlich ein Lächeln auf seinen Lippen? Und als er dann auch noch einen Witz machte, weil einer der australischen Verhandler diesmal tatsächlich ein Sakko trug und dies bei dieser Schwüle doch eine grobe Verfehlung sei, schmunzelten sich die Ozzies zu: Ihr Plan hatte funktioniert, die Rarotonga-Kur hatte ihre verblüffende Wirkung gezeigt. Somit stand einer reibungslosen Zusammenarbeit mit dem deutschen Kollegen nichts mehr im Wege: mit dem Autoliebhaber Sven, in dessen Träume sich nächtens neben pferdestarken fahrbaren Untersätzen nunmehr gelegentlich bunte Fischlein einschlichen.

Und wir danken großen Erzählern wie Stevenson, Maugham und Melville, dass sie den Südsee-Zauber so wortgewaltig und unsterblich für uns eingefangen haben.

....

Robert Louis Stevenson
* 13.11.1850 in Edinburgh
† 3.12.1894 in Apia, West-Samoa

Seinem Vater zuliebe schloss der gebürtige Schotte das Studium der Rechtswissenschaften ab, verweigerte sich jedoch diesem Berufsstand. Die strenge calvinistische Erziehung war ein Grund für die Flucht in ein rastloses Wandervogeldasein (das er mit anderen großen Romanciers, zum Beispiel Melville, teilte). Stevensons Werk ist sehr vielfältig und verhalf ihm schon zu Lebzeiten zu Ruhm und Anerkennung, auch wenn der Nachwelt heutzutage vorwiegend ein Abenteuerroman (*Die Schatzinsel*, 1883) und eine Schauergeschichte (*Der seltsame Fall des Dr. Jekyll und Mr. Hyde*, 1886) bekannt sind. Er emigrierte zunächst nach Amerika und lebte dort mit seiner Frau Fanny Osbourne zeitweilig in einer verwahrlosten Bergarbeiterhütte in Nordkalifornien. Dies führte allmählich zur Tuberkulose, ebenso zu Depressionen – die Erforschung der dunklen Seiten der menschlichen Psyche wurde zu einem wesentlichen Erzählmotiv (und erklärt die teils düstere Stimmung mancher Romane, man denke an *Der Schwarze Pfeil*, 1888, oder *Entführt*, 1886).

Stevenson, der seit seiner Kindheit an Asthma litt, erhoffte sich eine Linderung der damaligen Volkskrankheit auf den Samoa-Inseln, wo er seine letzten Lebensjahre verbrachte und auch verstarb. Die Zeit in der Südsee sollte eine der glücklichsten in seinem Leben werden. Eine ausgedehnte Reise durch die bunte Inselwelt Polynesiens ist in seinem Reisetagebuch *In the South Seas* (dt.: *In der Südsee*, posthum 1896 veröffentlicht) dokumentiert. Seine Frau Fanny kehrte später in die USA zurück, ihre Asche wurde nach ihrem Tod 1914 wieder auf Samoa gebracht, sodass die beiden im Herzen des Stillen Ozeans auf ewig vereint in Frieden ruhen.

Die Pferdeflüsterin

Jack London und Wolfsblut

> *„Poor devil"*, *Scott murmured pityingly.*
> *„What he needs is some show of human kindness."*
> Der Protagonist Weedon Scott in *Wolfsblut* (Original: *White Fang*)
> über das gleichnamige Wildstier

Jack London, neben Ernest Hemingway und Herman Melville der wohl größte Abenteurer der Weltliteratur, war ein Hansdampf in allen Gassen, ein Tramp, Austernschmuggler und Goldgräber, jedoch mit einer unglaublich zarten Seite mit einem großen Herz für Tiere ausgestattet. Er selbst sagte einst über sich: „Ich mache so viel Krach, dass ich ziemlich erfolgreich darin bin, meine wahren Gefühle zu verbergen." Und jene wahren Gefühle kommen in einem seiner beliebtesten Bücher, man spricht von einem Klassiker der Jugendliteratur, ganz offenherzig zu Tage: die Bedeutsamkeit der Freundschaft zwischen Menschen und Tieren. Der Roman heißt *White Fang*, zu Deutsch *Wolfsblut*.

Wir beginnen im Wien der späten 1960er-Jahre, also in einer Zeit, als Fernsehen noch eine Randerscheinung war und Internet und Handys pure Science-Fiction. Eva und ihr fünf Jahre älterer Bruder Max lebten mit ihren Eltern im dritten Gemeindebezirk. Sie war elf, er sechzehn, er liebte die Straße und hasste die Schule, sie liebte beides (die Straße vor allem wegen der streunenden Katzen und Hunde). Die Eltern wollten Max zum Lesen bringen und kauften ihm die spannendsten Abenteuergeschichten, die je geschrieben wurden: *Die Schatzinsel* von Robert Louis Stevenson, *Das Dschungelbuch* von Rudyard Kipling, *Tom Sawyer* von Mark Twain – und *Wolfsblut* von Jack London. Aber der etwas grobschlächtige Junge interessierte sich nicht für das geschriebene Wort, wo doch jeden Tag neue Abenteuer gleich vor der Haustür warteten (zumindest darin ähnelte er seinem literarischen Doppelgänger Tom Sawyer, den er natürlich aufgrund dieser Streunerei auch nicht kennenlernte). Seine Schwester dafür umso mehr. Sie schlich sich immer wieder in das Zimmer ihres Bruders und entwendete seine noch unbefleckten Bücher. Ihm war das gar nicht aufgefallen, es wäre ihm ohnehin egal gewesen.

Wolfsblut ist ein Entwicklungsroman rund um einen Wolfshundewelpen, der sich zunächst in der Wildnis, dann als Schlittenhund bei den Indigenen und schließlich als Kampfhund bei illegalen Hundekämpfen zu behaupten hat. Das Tier muss sich im Laufe seiner Adoleszenz gegen missgesonnene Hunde im Dorf der Ureinwohner*innen verteidigen, dem jähzornigen, jedoch fürsorglichen Grauen Biber unterwerfen und schließlich die brutalen Marterungen von Schmitt – jenem Mann, der es mit Hass zum Kampfhund gedrillt hatte – erdulden. Ein Wolfswelpe, dessen Sozialisation so ungünstig verläuft, dass man aus ihm – wie Jack London schreibt – „ein blutdürstiges Geschöpf gemacht hat". Einen Preiskämpfer, dessen einziger Antrieb im Leben der Hass ist.

Dieser Lebens- und Leidensweg aus der Perspektive eines Wolfshundes faszinierte Eva, ganz so wie viele Millionen weitere Leserinnen und Leser. Wolfsblut wird ein blutrünstiger Berserker, dennoch hat er unser Mitgefühl. Es ist schwer, eine Figur als Antagonisten zu sehen, die ständig erniedrigt, attackiert und ausgelacht wird. Es ist herzzerreißend, seine Verbitterung wachsen zu sehen und sein Dasein als Ausgestoßener mitzuerleben. Und es ist am Ende herzerwärmend, dass eine Figur, der gutmütige Weedon Scott, das Gute in Wolfsblut sieht, seine emotionalen Wunden zu heilen versucht, sein Vertrauen gewinnen möchte – mit Geduld, Zuspruch und Empathie. Als Wolfsblut von allen anderen als Monster verachtet wird, tätigt Scott den eingangs zitierten Ausspruch. Und sollte letztendlich recht behalten.

Die Kernaussage des Romans, dass Hass nur mit Liebe beizukommen ist, gab Eva Jahrzehnte später Halt und Unterstützung, nämlich in den frühen 2000er-Jahren, dieses Mal in einer sehr konkreten Angelegenheit. Zu diesem Zeitpunkt arbeitete sie längst als Biologielehrerin – ein logischer Karriereschritt für ein Mädchen, das Tiere so sehr ins Herz geschlossen hatte. Im Reitgestüt, wo Eva und mittlerweile auch ihre Tochter regelmäßig ausritten, machte ein ehemaliges Rennpferd von sich reden – eine wilde und ungestüme, unzähmbare Stute, eine Furie. Das schwer traumatisierte Pferd war in seiner aktiven sportlichen Laufbahn arg gezüchtigt, mit Schlägen und Hieben gefügig gemacht und für die meiste Zeit in der Box gehalten worden. Ein Pferd, das wie ein Sträfling eingesperrt gewesen war und nur zum Training und zum Rennen – beides arge Stresssituationen im Zeichen körperlicher Überbelastung – ins Freie hatte dürfen. Das misshandelte Tier war so tobsüchtig, dass man ernsthaft daran dachte, es einzuschläfern. Doch da war zum Glück Eva, geprägt von der Lektüre von *Wolfsblut*, die wusste, dass kein Tier grundlos aggressiv war und dass jedes mit

Zuwendung und Feingefühl gezähmt werden konnte. Und so nahm sie die Rolle des Weedon Scott ein, beobachtete und lernte die Körpersprache dieser wilden Stute, näherte sich ihr ohne Peitsche, Geschrei und Gerte, redete ihr gut zu, übte sich in Geduld, versuchte langsam und stetig, Vertrauen aufzubauen, ihr Furcht zu nehmen, eine Verbindung herzustellen. Mit Erfolg. Anfangs wurde sie noch verächtlich angeschnaubt und entkam knapp wütenden Beißattacken, als sie die tobende Furie mit Karotten zu verköstigen versuchte. Doch Eva zeigte Geduld, jeden Tag aufs Neue. Irgendwann schien sich das Tier zu beruhigen, wenn Eva in der Nähe war, irgendwann nahm die besänftigte Stute die Karotte an, begann ihrer Wohltäterin nachzutraben, ließ sich tätscheln, führen, war die Sanftmut „in Person".
Irgendwann war also ein Grundvertrauen hergestellt, das für ein harmonisches Miteinander notwendig ist – von Mensch und Tier, Mensch und Mensch, Tier und Tier. Und heute noch bewundert man die Biologin für ihre Qualitäten als „Pferdeflüsterin", die sie vor allem einem Klassiker der Jugendliteratur zu verdanken hat.

Wolfsblut war ein unmittelbarer literarischer Erfolg, der bis heute andauert. Trotzdem moserten gleich in den ersten Tagen nach der Veröffentlichung einige kritische Stimmen, unter ihnen jene des damaligen US-amerikanischen Präsidenten Theodore Roosevelt, dass der Roman kitschig und absurd und London ein „nature faker" sei, also jemand, der die Natur völlig falsch darstelle. „Völliger Blödsinn!", meint Eva, die Biologin. Ja, das Buch sei kein wissenschaftliches Werk der Zoologie, das will es auch gar nicht sein. Das Buch zeige vielmehr – „Und das ist viel wichtiger!" –, dass Tiere Gefühle haben, ihren Instinkten vertrauen, und dass durch Liebe und Zuwendung gar der blutrünstigste Wolf und die beißwütigste Stute gezähmt werden können. „Die Wildnis ist zwar rau, aber nicht boshaft."

Jack London selbst rechtfertigte sich auf dieselbe Weise: Seine tierischen Helden seien keine philosophischen Geschöpfe, sie würden alleine ihren Instinkten, Emotionen und Empfindungen folgen. Wir geben Eva, der Biologin, und Jack, dem Kenner der Wildnis, recht und sehen über die Meinung des amerikanischen Präsidenten geflissentlich hinweg. Es empfiehlt sich seit jeher, im Zweifelsfall den Worten der Literat*innen gegenüber solchen von Politiker*innen mehr Glauben zu schenken, selbst wenn sie vom mächtigsten Mann der Welt selbst kommen.

Jack London
* 12. 1. 1876 in San Francisco
† 22. 11. 1916 in Glen Ellen (ebenso in Kalifornien)

Geboren als John Griffith Cheney, musste Jack London noch als Kind als Zeitungsjunge und Fabriksarbeiter Geld verdienen. Im Alter von 17 Jahren las er *Moby Dick* und beschloss, zur See zu gehen – so viel zur Wirkung großer Werke auf große Autor*innen. Er war ein rastloser Geist, er suchte das Abenteuer, er war nur als Abenteurer glücklich. Nach den Erlebnissen auf einem Robbenfänger und in der Südsee zog es ihn als Goldsucher in das Gebiet des Klondike River (Kanada). Dort fand er zwar kein Gold, sondern – viel wertvoller! – Rohmaterial für seine Romane. London hatte nicht die blühendste Fantasie, er brauchte sie auch nicht, er musste nur aufschreiben, was er selbst erlebt und beobachtet hatte: die Abenteuer auf den Weltmeeren in *Der Seewolf* (1904), den Kampf mit dem bitteren arktischen Winter in seinen

„Hunderomanen" *Ruf der Wildnis* (1903) und *Wolfsblut* (1906), den Goldrausch in *Burning Daylight* (1910). London schrieb wie ein Besessener, zwang sich selbst 1 000 Wörter am Tag auf und war zu Lebzeiten der erfolgreichste Autor der Welt – ein glänzender Beobachter und Freund der Natur: „Den Himmel, das Meer, die Berge, die Wildnis – ich liebe sie einfach, und ich muss sie haben. Deshalb gehe ich dahin, wo ich sie kriege." Trotz dieses so schönen und inspirierenden Lebenscredos litt Jack London in seinen letzten Lebensjahren an Depressionen – der Fluch großer Dichterseelen! Er wusste, was es für ein glückliches Leben brauchte – wie man das Glück bewahrte, darauf wusste er allerdings keine Antwort. Gezeichnet von zahllosen Abenteuern, forderten die körperlichen Strapazen schließlich ihren Tribut. Jack London wurde nur 40 Jahre alt.

Über das Universum an die Universität

Stephen Hawking und Eine kurze Geschichte der Zeit

Das tiefverwurzelte Verlangen der Menschheit nach Erkenntnis ist Rechtfertigung für unsere fortwährende Suche.
Stephen Hawking in *Eine kurze Geschichte der Zeit*

Two roads diverged in a yellow wood, And sorry I could not travel both.
Robert Frost, *The Road Not Taken*

Das letzte Schuljahr im Leben eines jungen Menschen endet immer vor einer Weggabelung – vor einer reizvollen und einer voller Freiheit und Möglichkeiten, was aber gerade deshalb sogar ein bisschen angsteinflößend sein kann. Die Situation stellt sich dar wie in dem berühmten eingangs zitierten Gedicht von Robert Frost, in dem der lyrische Wanderer nicht weiß, welchen Weg er einschlagen soll. So viele Möglichkeiten, so große Entscheidungen zu fällen. Jedoch mehrere Wege gleichzeitig gehen – das schaffen nur Teilchen in der Quantenphysik. Das haben wir bei der Lektüre von Stephen Hawkings Büchern gelernt.
Solche und ähnliche Gedanken gingen Vlad, der die Maturaklasse der deutschen Schule im ukrainischen Lwiw – zu Monarchie-Zeiten: Lemberg – besuchte, durch den Kopf. Er träumte von einer universitären Laufbahn und sein solider allgemeinbildender Fächerkanon an der Schule qualifizierte

ihn gleichzeitig für alles und gar nichts. Er wusste von allem ein wenig, doch über nichts wirklich viel. Eigentlich keine schlechte Voraussetzung. Da bekam er zum Geburtstag ein Buch mit dem Titel *Eine kurze Geschichte der Zeit* in die Hand gedrückt, ein populärwissenschaftliches Buch über den Kosmos und schwarze Löcher, geschrieben von Stephen Hawking, dem unlängst verstorbenen Cambridge-Professor für Astrophysik. Populärwissenschaftliche Bücher haben einen bestimmten Zweck: Sie stellen Sachverhalte möglichst einfach dar, sie erklären komplexe Zusammenhänge auf unkomplexe Art und Weise, sie regen die Leserin und den Leser dazu an, sich weiter mit einem bestimmten Thema zu beschäftigen. Sie leisten so auch einen wertvollen Beitrag zur allgemeinen Bildung. *Eine kurze Geschichte der Zeit* ist eines der erfolgreichsten populärwissenschaftlichen Bücher aller Zeiten, es ging mehr als 25 Millionen Mal über den Ladentisch, wurde in duzende Sprachen übersetzt und erschien in mehreren Ausgaben, unter anderem in einer simplifizierten Variante mit dem Titel *Die kürzeste Geschichte der Zeit*. Stephen Hawking hat mit seinen Büchern einen Nerv getroffen: Er schreibt in schnörkelloser Prosa über die komplexesten Fragen unserer Zeit, er erklärt das Universum so, dass „Normalsterbliche", also Nicht-Astrophysiker*innen, die wesentlichen Sachverhalte begreifen. Er gibt somit allen Leser*innen ein wenig das Gefühl, große Physiker*innen zu sein. Das alleine macht die Lektüre bereits zu einem erhabenen Erlebnis.

Vlad las dieses Geburtstagsgeschenk innerhalb weniger Tage aus, entwickelte eine Faszination für das Universum, ging einige Kapitel noch einmal durch, stellte seinem Physiklehrer an der Schule dazu einige Fragen, und wurde so in den Bann der Naturwissenschaften gezogen. Sein Lehrer, der das

Talent seines Schützlings erkannte, versorgte diesen mit weiteren populärwissenschaftlichen Büchern. Und Vlad tauchte immer tiefer in die wundervolle Welt der Naturgesetze ein. Abends, wenn er mit seinen Freunden herumhing, erklärte er ihnen, warum ein halboffenes Fenster bei einem Windzug zu- anstatt weiter aufging; beim Mittagessen veranschaulichte er seiner Mutter, dass der Deckel am Nudeltopf die Kondenswärme hielt und das Nudelwasser schneller erhitzte; bei einem Abendspaziergang beeindruckte er eine Klassenkameradin mit der Feststellung, dass Sternschnuppen eigentlich Meteore sind, die beim Eintritt in die Atmosphäre verglühen.

Die Schule kann ja tatsächlich ein verwirrender Ort sein: bürokratisch, starr, lehrplanverrückt und bis zur kompletten Erstarrung kompetenzorientiert. Lehrende haben es schwer, in diesem engen Korsett den nötigen Freiraum zu finden, Schüler*innen wirklich für ihr Fach zu begeistern, Themen zu setzen, welche die einzelnen Klassen interessieren, sowie individuelle Stärken zu fördern. Die versammelte, medial noch geförderte, selbsternannte Schar von Bildungsexpert*innen will diesen Status quo, so scheint es, gar nicht ändern – sie gefällt sich im Wiederholen von leeren Phrasen und Beschreiben von Statistiken sonderbarer Bildungstests, die an die Namen italienischer Städte erinnern. Das ist in vielen Ländern der ehemaligen Donaumonarchie, und wohl auch darüber hinaus, ähnlich. Doch in diesem Fall, in einem Gymnasium in einer geschichtsträchtigen Stadt, die einst zu Galizien und damit zum cisleithanischen Teil Österreich-Ungarns gehörte, machten der Physikunterricht – der Vlad ob der Lektüre des Hawking-Buches gleich noch spannender erschien – genau das, was seine Aufgabe ist: Er förderte die Interessen eines jungen Mannes und half ihm bei der großen Frage, die zwangsläufig aufkommt: Was nach der Schule? In diesem Fall: Was nach der Matura? Gegen Ostern, also noch vor dem Schulabschluss, war Vlads Entscheidung – die unausweichliche, einzig logische Entscheidung – gefallen: Er würde sich nach der Matura an der Universität ganz der Physik widmen.

Vlad ist kein Einzelfall. Viele Maturant*innen wissen nicht, was sie nach der Matura studieren sollen. Sie interessieren sich für viele Dinge, aber haben ihre echte Leidenschaft noch nicht gefunden. Auf dieser Suche vermag bereits ein einziges Buch regelrechte Wunder zu vollbringen. Ich habe während der letzten Jahre einige ähnliche Geschichten zugetragen bekommen, in welchen ein Buch die universitäre Laufbahn eines jungen Menschen beeinflusst hat – jene aus Lwiw ist nur eine davon. Vlad las die Bücher von Stephen Hawking und inskribierte Physik. Eine ähnliche Geschichte hat mir ein junger Grazer Student erzählt. Thomas aus Wien berichtete, dass ihn *Die Welt von Gestern* von Stefan Zweig so beeindruckt habe, dass er schlussendlich Geschichte studieren wollte, um ebenfalls ein Welterklärer zu werden. Und Margit, ebenfalls aus Wien, erzählte, dass *Der Medicus* von Noah Gordon, ein historischer Roman über die Anfänge der Medizin, ihr Interesse an diesem Thema entfacht habe – sie steht nun kurz vor der Verleihung ihrer Doktorwürde in Allgemeinmedizin. Auch hier wird wieder klar: Bücher helfen bei großen Entscheidungen, Lesen hilft im Leben immer weiter!

Als ich begonnen habe, Geschichten zu sammeln und aufzuschreiben, war ich der Meinung, nur die „erhabenen" Werke vergangener Zeiten, also unsere „Klassiker", hätten die intellektuelle Kraft und poetische Vision, unser Leben nachhaltig zu beeinflussen. Doch das stimmt nicht! Jedes Buch besitzt diese Kraft. Es muss nicht unbedingt ein sprachgewaltiger 1000 Seiten dicker Roman sein, kein Lyrikband von einem poetischen Genie. Ein Sachbuch, ein zeitgenössisches Jugendbuch, ein populärwissenschaftliches Werk: All das kann das Feuer in einem Menschen entfachen. So sehr, dass – wie in dieser Geschichte – ein junger Mann aus dem früheren Lemberg in der Ukraine nunmehr als Physikstudent an der Universität jeden Tag seinem großen Vorbild aus Oxford nacheifert. Man munkelt darüber, dass er auf einem sehr guten Weg sei. „And that has made all the difference!", um mit der letzten Zeile des anfangs zitierten grandiosen Robert-Frost-Gedichtes zu enden.

Stephen Hawking
* 8.1.1942 in Oxford
† 14.3.2018 in Cambridge

Der Astrophysiker zeigte sein Genie schon als Schüler: 1959 schrieb Stephen Hawking probeweise die Aufnahmeklausur an der Oxford University, versetzte die Kommission in Staunen und erhielt ein Stipendium – der Anfang einer beachtlichen Karriere. Er promovierte (mittlerweile in Cambridge) in Astronomie, forschte über schwarze Löcher, bewies Singularitäten und publizierte über Quantenmechanik – allesamt Gebiete, die „Normalsterblichen" eher verborgen bleiben. Doch dann, Ende der 1980er-Jahre, begann er, diese wissenschaftlichen Erkenntnisse in populärwissenschaftlichen Büchern unter die Allgemeinheit zu bringen. Hawking war, so wie die meisten großen Denker, schließlich nicht nur Naturwissenschaftler, sondern auch Philosoph und darüber hinaus noch Philanthrop – es war ihm ein explizites Anliegen, die hochkomplexen kosmologischen Erkenntnisse, die normalerweise in kleinen universitären Kreisen diskutiert und publiziert werden, einer breiteren Öffentlichkeit zugänglich zu machen. Er sah dies als Bildungsauftrag. Zusätzlich war ihm die Idee einer einträglicheren

Einnahmequelle sehr gewogen. *Eine kurze Geschichte der Zeit* war das erste dieser Werke und der Startschuss für eine beachtliche öffentliche Karriere, die ihm Fernsehauftritte und sogar einen Platz in der Populärkultur verschafften. Das Buch verkaufte sich bis heute millionenfach, weitere Sachbücher ebenso, zum Beispiel *Das Universum in der Nussschale* (2001).

Bereits in seinen ersten Jahren als junger Forscher litt Stephen Hawking an der Krankheit ALS, die zunehmend sein Nervensystem zerstörte. Obwohl ihm die Ärzte ein sehr kurzes Leben prognostizierten, lebte er noch viele Jahrzehnte – ein Glück auch für die Wissenschaft und sein interessiertes Lesepublikum. Stephen Hawking, ehrfurchtsvoll „Master of the Universe" genannt, schaffte es selbst nach seinem Tod noch in die Bestsellerlisten, nämlich mit dem posthum veröffentlichten Buch *Kurze Antworten auf Große Fragen* (2018), in dem er unter anderem darüber sinniert, wohin wir nach dem irdischen Leben gehen. Man kann wohl sagen: Er ist heute noch der berühmteste Universitätsprofessor der Welt.

Robert Frost
* 26. 3. 1874 in San Francisco
† 29. 1. 1963 in Boston

Der „amerikanischste" aller Poeten musste seine Heimat erst verlassen, um literarischen Ruhm zu erlangen. Seine ersten beiden Lyriksammlungen (*A Boy's Will*, 1913; *North of Boston*, 1914) wurden in England publiziert, weitere nach seiner Rückkehr als Universitätsdozent in die USA. Gleich vier davon (*New Hampshire, Collected Poems, A Further Range, A Witness Tree*) sollten mit dem renommierten Pulitzerpreis ausgezeichnet werden. Frost arbeitete als Dozent, Farmer und Fabrikarbeiter – das macht ihn so „amerikanisch" und (bis heute) so populär: im Herzen ein Naturpoet, verliebt in die Landschaft Neuenglands, ein Suchender nach Wahrheit und Sinn, doch stets in alltagssprachlichen Prosodien. Manche seiner Gedichte kann angeblich jede*r Schüler*in an der High School auswendig (z. B. das eingangs zitierte *The Road Not Taken*) – mehr Anerkennung kann ein Poet nicht bekommen. Robert Frost starb mit 88 Jahren in Boston. Seinen Grabstein ziert eine autobiografische Zeile, mit welcher sich dieser große Dichter besser beschreibt, als es ganze Monografien tun könnten: „I had a lover's quarrel with the world." Man darf und muss die Welt und ihre dunklen Seiten hinterfragen, ja sogar im Streitgespräch – aber stets und immerzu als Liebender.

Politische Bildung am Bauernhof

George Orwell und Farm der Tiere

All animals are equal. But some are more equal than others.
George Orwell, *Animal Farm*

Der französische Dramatiker und Philosoph Jean-Paul Sartre hat einst den Begriff der „littérature engagée" geprägt. Er verstand darunter eine Literatur, die sich politisch einmischt, aufmischt und wachrüttelt. Literatur dient hier nicht nur der Kunst und Unterhaltung, sondern proklamiert aktive politische Teilnahme. Als solche ist auch der britische Roman *Animal Farm*, zu Deutsch *Farm der Tiere*, eine dystopische Fabel über die Geschichte der Sowjetunion, zu werten. Jedenfalls war dessen Autor George Orwell ein hochpolitischer Mensch, ein glühender Sozialist, der aber jedes totalitäre System ablehnte. Diese allegorische Parabel steht mittlerweile in vielen tschechischen Schulen auf der Pflichtlektüreliste. Große Werke der Literatur, das ist schon eine freudige Randbemerkung wert, haben an tschechischen Gymnasien noch immer den ihnen gebührenden Stellenwert, wohingegen sie in Österreich von abstrusen Neusprech-Neologismen à la Kompetenzorientierung mit abgestuftem Operatorensystem verdrängt wurden. Klingt ebenso ein bisschen wie eine Dystopie.

Unsere Geschichte hat sich in einem Prager Gymnasium zugetragen. Die Schülerin Nikola hatte ihre Kindheit in Budweis verbracht – in jener Stadt, wo ihr geliebter Großvater noch immer Mitglied der Kommunistischen Partei war. Er redete gerne und lange von früher, er schwadronierte gerne, dass alles besser gewesen sei, alles einfacher, alle Menschen glücklicher, keiner sich um den Arbeitsplatz hätte sorgen müssen, die Arbeitszeiten humaner und das tschechoslowakische Fußballnationalteam noch eine internationale Größe gewesen sei. Und wie es bei Kindern so ist, wie es ja irgendwie sein soll, glaubte die kleine Nikola ihrem Großvater, schwelgte mit ihm in den Erinnerungen an „goldene Zeiten", wenn er seine Fotobücher durchblätterte, freute sich, wenn der ältere Herr wieder zu einer seiner Geschichten von anno dazumal anhob. Dann allerdings lernte sie in der Schule, dass es den Leuten heute viel besser gehe als früher, dass die Menschen jetzt endlich frei seien, dass die Revolution von 1989 endlich Wohlstand und Frieden gebracht habe. Und darüber hinaus musste sie auch den eingangs erwähnten Roman lesen.

George Orwell preist in seinem Buch die Grundidee des Sozialismus, den erst der Machthunger der Menschen, hier personifiziert durch Tiere, zu einem totalitären Albtraum mutieren ließ. Das Buch bietet sich als gute Klassenlektüre an. Zunächst ist es eine Fabel – Orwell selbst nannte die Geschichte im Untertitel der Erstausgaben „a fairy story" – und vermittelt auf diese Weise Wissen und Einsicht in ein politisches System, ohne zu viele historische Fakten herunterzuleiern, sondern legt den Fokus auf die Entwicklung der Figuren, der handelnden Akteure. Der Mensch, hier in Gestalt von Bauernhoftieren, ist in jedem politischen System der Unsicherheits- und Risikofaktor, der Faktor, der entscheidet, ob ein Gesellschaftsmodell, das in der Theorie gerecht zu sein scheint, funktionieren wird.

In *Animal Farm* wird anfangs der ausbeuterische Bauer vertrieben und die Farm von allen Tieren gemeinsam verwaltet („Alle Tiere sind gleich"). Allerdings reißen die Schweine, am schlausten von allen, bald das Kommando an sich, gönnen sich allerlei Privilegien und unterjochen die anderen Tiere. Somit werden die revolutionären Hoffnungen und Träume einer gerechten Gesellschaft alsbald begraben und es entsteht abermals eine Diktatur. Der Mensch, so scheint es zumindest, ist nicht in der Lage, ein wirklich gerechtes Gesellschaftssystem zu schaffen, weil er an sich selbst scheitert. Denn, wie Orwells Zeitgenosse J. R. R. Tolkien aus dem Mund seines Elbenkönigs Elrond verlautbaren lässt: „Men are weak". Wir erinnern uns: Auch in *Der Herr der Ringe* ist es allein der Machthunger des Menschen, der den einen totalitären Ring seiner Zerstörung entzieht.

Animal Farm wird manchmal als strikte anti-kommunistische Streitschrift gedeutet, doch das geht zu weit. Orwell selbst war bis zu seinem Tod von der ursprünglichen Idee einer gerechten sozialistischen Gesellschaft angetan. Das Problem sei allein die Herrschaft ausbeutender und korrupter Eliten. Das Buch ist also vielmehr anti-stalinistisch, der große Antagonist ist der Eber Napoleon (er symbolisiert Stalin), der alle Macht an sich reißt, seinen Mitstreiter Snowball (Trotzki) vertreibt und denunziert, und in Folge mit brutaler Gewalt herrscht. Die Fabel hat klare Referenzen zur sowjetischen Geschichte, jedoch kann sie – und das macht sie zu großer Literatur – als allgemeines Porträt, ja als Groteske eines totalitären Überwachungsstaates gelesen werden.

Und mit der Hilfe dieses bizarren Märchens schaffte es Nikola schließlich, den Spagat zwischen ihrem Großvater und dem Schulstoff zu verkleinern und sich die Welt zwischen diesen beiden Polen zu erklären. Was als nobles Gesellschaftsmodell begann und nach dem Zweiten Weltkrieg wohl auch eine sinnvolle Alternative war, endete im totalitären Super-GAU, der Ende der 1960er-Jahre sogar Panzer der Roten Armee in der tschechischen Hauptstadt anrollen ließ.

Nikola fand die Fabel um den grausamen Napoleon und den edlen Arbeiter Boxer faszinierend, der Roman schaffte etwas, was ihre langweiligen Geschichtsbücher nicht konnten: Er vermittelte ihr ein Gefühl, eine Idee, wie der Kommunismus – der ihr Land vier Jahrzehnte geprägt hatte – so derart falsch laufen konnte, sich so verirren konnte, und wie sehr die Menschen, vor allem die tüchtigen Arbeiter wie eben Boxer, wirklich gelitten haben. All das tat ihrer Liebe zu ihrem Großvater keinen Abbruch, nein, die Liebe zwischen Enkelkindern und Großeltern ist bedingungslos, doch sie machte es zu ihrer Mission, dem alten Mann mit seiner unrüttelbaren Überzeugung ein bisschen dabei zu helfen, seinen politischen Tunnelblick ein klein wenig zu erweitern. „Nicht gänzlich ändern und zu belehrend wirken. Nur ein wenig erweitern", dachte sie sich. Sie wusste, es würde Zeit brauchen. Nicht von heute auf morgen, sondern eine langsame Transformation.

Auch die tschechischen Schriftsteller machten diese Transformation sehr langsam durch. In den 1950er-Jahren wurde Stalin von literarischen Schwergewichten wie Pavel Kohout, Jaroslav Seifert und Milan Kundera verehrt, ja gar in hymnischen Oden gepriesen. Später revidierten sie diese unkritische Admiration. Aus Stalinisten wurden Marxisten und spätestens 1968, nachdem sich der Student Jan Palach am Wenzelsplatz in Flammen gesetzt hatte, wurden aus ebendiesen Marxisten Dissidenten. Wir sind alle Kinder unserer Zeit, die großen Denker genauso.

Und so ließ Nikola nicht locker, versuchte es immer wieder, wollte mit diesem einen Buch, dieser Fabel, einen Denkprozess in die Wege leiten. Zunächst bat sie ihren Großvater, das Buch nur zu lesen, damit sie darüber reden konnten, einfach ein bisschen plaudern. Er wollte nicht. Hierauf brachte sie es immer mit, wenn sie am Wochenende in Budweis war, legte es beiläufig auf den Küchentisch, wenn sie Kaffee tranken. Er ignorierte es geflissentlich. Unlängst war Weihnachten und es lag ein Packerl für den Großvater unter dem Christbaum. Sie nötigte ihn nicht, sie hoffte. Sie hoffte, jetzt, wo er ein eigenes Exemplar besaß, jetzt, wo das Buch immer irgendwo in der Wohnung lag, würde er irgendwann, sei es aus Langeweile, sei es, um seiner Enkelin eine Freude zu machen, zu lesen beginnen. Und dann würde passieren, was zu allen Zeiten stets und immerzu passierte, wenn man ein gutes Buch zu lesen begann: Er würde nicht mehr aufhören können. Man wird sehen.

George Orwell
* 25. 6. 1903 in Motihari, Indien
† 21. 1. 1950 in London

Geboren als Eric Arthur Blair in bourgeoisen Verhältnissen (er selbst beschrieb sie einmal als „lower-upper-middle class"), besuchte er Eliteschulen wie Eton, wo ihn ein gewisser Aldous Huxley in Literatur unterrichten sollte. Später diente er der Indian Imperial Police in Burma, lebte in London unter Obdachlosen, und kämpfte im Spanischen Bürgerkrieg gegen den Faschismus Francos – dabei lernte er Ernest

Hemingway kennen. All diese Erfahrungen ließen seine Passion für eine gerechte sozialistische Gesellschaft reifen. George Orwell – das Pseudonym war ihm von einem Verleger zugewiesen worden – begann früh Essays und Romane zu schreiben, sein Durchbruch als literarische Stimme gelang ihm allerdings erst 1945 mit der anti-stalinistischen Fabel *Animal Farm*. Er stellte den Roman am Ende des Zweiten Weltkriegs fertig, jedoch lehnten die Verlage das Manuskript zunächst ab – zu groß war die Angst, die sensiblen Sowjets zu vergrämen. 1949 erschien sein bekanntester Roman, die düstere Zukunftsvision *1984*, ein scharfsinniges Porträt eines Überwachungsstaates. Es ist ein Meilenstein der Science-Fiction und schenkte uns Neologismen, die mittlerweile Alltagsprache sind, zum Beispiel „Neusprech", „Doppeldenk" und „Großer Bruder".

George Orwell war – und sein Vermächtnis bleibt – ein Mahner vor dem Missbrauch von politischer Macht und ein Kämpfer für soziale Gerechtigkeit. Er starb mit nur 46 Jahren an Tuberkulose, seine Stimme wird noch lange nachhallen.

Post-mortem Gambit

Stefan Zweig und Die Schachnovelle

Ich wusste wohl aus eigener Erfahrung um die geheimnisvolle Attraktion des ‚königlichen Spiels', dieses einzigen unter allen Spielen, die der Mensch ersonnen, das sich souverän jeder Tyrannis des Zufalls entzieht und seine Siegespalmen einzig dem Geist oder vielmehr einer bestimmten Form geistiger Begabung zuteilt.
Stefan Zweig, Die Schachnovelle

Er hatte immer am liebsten die Aljechin-Verteidigung gespielt. Jene, mit der ihm der russische Großmeister selbst einmal seine Grenzen aufzeigte, als er als junger Student in Salzburg die Ehre hatte, als einer von dutzenden Schachliebhabern in einer Simultanherausforderung sein Können zu zeigen.

Man schrieb das Jahr 1942 und seit diesem Höhepunkt in der österreichischen Schachwelt waren knapp sieben Jahrzehnte vergangen, aber die Liebe und Leidenschaft für das Spiel der Könige war Dr. Fischerbauer geblieben, ja sogar zur einzigen Konstante in seinem Diplomatenleben auf allen Kontinenten dieser Erde geworden. Und in den letzten drei Dekaden, die er als angesehener, weltbürgerlicher, pensionierter Scholast in einem Dorf an der Peripherie des Kobernaußerwaldes verbracht hatte, war es neben seiner Gattin Rosmarie zu seinem zentralen Lebensinhalt geworden. Meistens alleine mit Zeitschriften aus der internationalen Schachwelt, am liebsten aber mit einem jungen Jusstudenten namens Severin. Dieser gab sich – wie sein kosmopolites Vorbild früher – unter der Woche der Juristerei hin, jeden Samstag aber forderte er den Altmeister zu einem zugkräftigen Schlagabtausch heraus, konnte ihn aber nie besiegen. Bis jener vor einigen Wochen einer Lungenembolie erlegen war. „Ein erfülltes und ehrenwertes Leben", bekräftigte der bestürzte Dorfpfarrer, der in seiner Predigt ebenfalls erwähnte, dass sich Dr. Fischerbauer in seinem Leben alle Wünsche erfüllt, alle Ziele erreicht, alle Tugenden erworben und genug gute Taten vollbracht habe und nun ohne Reue und Schuldgefühle ins Königreich des Himmels eintreten könne. Ohne Reue, bis auf eine Sache vielleicht: Die letzte Schachpartie vor seinem Abschied aus der irdischen Welt hatte er gegen Severin verloren, eine Tatsache, die den verblichenen Altmeister mehr verbitterte, als er dies dem jungen Studiosus oder seiner trauernden Witwe Rosmarie merken lassen wollte.

Der hoffnungsfrohe Student las während seiner Zugfahrten zwischen Kobernaußen und Salzburg gerne Novellen, vor allem jene des Großmeisters dieser literarischen Gattung, Stefan Zweig. Die letzte, die dieser vor seinem Freitod schrieb, trägt den Namen *Schachnovelle* und handelt von einem in der NS-Zeit inhaftierten Rechtsanwalt, der das Gestapo-Trauma allein mit der Lektüre eines Schachbuches, einer Sammlung von Meisterpartien, zu überwinden vermag. Er lernt alle Großmeisterpartien auswendig, erwirbt großes theoretisches Wissen über das Spiel der Könige, behält seinen intellektuellen Scharfsinn und vermeidet es auf diese Weise letztendlich, dem Wahnsinn zu verfallen. Severin nahm die Lektüre der Novelle zum Anlass, selbst Meisterpartien nachzuspielen sowie einige gängige Eröffnungen auswendig zu lernen, und mit diesem neu erworbenen Wissen den Altmeister in seinem Heimatdorf endlich einmal zu besiegen. Welch Ironie der Geschichte, dass ihm dies ausgerechnet bei ihrer letzten Partie glückte.

Als Severin einige Tage nach der Beerdigung des Herrn Doktor dessen Witwe einen Kondolenzbesuch abstattete, um sie zumindest für ein paar Stunden von ihrer einsamen Trauer abzulenken und versprochen hatte, am nächsten Tag wiederzukommen, um die restlichen Schachzeitschriften, die ihm der verblichene Diplomat vermacht hatte, abzuholen, zog er aus reiner Gewohnheit und einem Schuss Melancholie auf jenem Schachtischlein neben dem Wohnzimmerkamin, an dem Woche für Woche Samstagnachmittage mit diesem erhabenen Spiel verbracht wurden, den weißen Königsbauer auf e4. Und als er am nächsten Tag tatsächlich kurz vorbeischaute, um sich den Rest seines vererbten Schachwissens abzuholen, staunte er nicht wenig, als er den schwarzen Königsspringer auf f6 sah. Weniger verwundert, wie das wohl passiert war, als vielmehr aufgeregt, endlich wieder eine gute Schachpartie vor sich zu haben, ging er sogleich in den Angriff über: e4 auf e5. Und weil gerade Sommerferien waren, beziehungsweise in studentischen Kreisen vorlesungsfreie Zeit, und Severin sowohl wusste, dass Rosmarie jeden Morgen um exakt 8 Uhr morgens den Friedhof besuchte, als auch, wo sie den Zweitschlüssel für ihr erhabenes Domizil versteckt hielt, schlich er sich am nächsten Morgen abermals ins Wohnzimmer zum mystischen Tischlein des Spiels der Könige. Er hatte es erwartet: Königsspringer auf d5. Die sogenannte Aljechin-Verteidigung. „Es *muss* der Diplomat außer Dienst sein, wahrscheinlich sitzt er da oben neben dem russischen Schachgenie, dessen Eröffnung er so sehr liebte", sinnierte Severin und blickte durch das Fenster gen Himmel.

Es ist ein faszinierender Aspekt der *Schachnovelle*, dass Stefan Zweig – sofern wir einigen seiner Zeitgenossen Glauben schenken können – selbst ein eher mediokrer Schachspieler war. Er war ein glänzender Erzähler, ein Meister elegant formulierter Prosa, und diese Qualität alleine reichte dazu aus, dass sein meistgelesenes Werk jenes ist, welches den Namen eines Spieles im Titel trägt, zu dem der Autor selbst wenig zu sagen hat. Nun werden einige Zweig-Verehrer*innen empört sein und mit erhobenem Zeigefinger sagen: „Aber es geht doch gar nicht um das Schachspiel, sondern um eine psychologische Analyse der Hauptfigur, um Widerstand gegen die Isolationshaft, um Überwindung eines Traumas!" Ja, natürlich! Nichtsdestoweniger ist es eine Tatsache, dass viele Leser*innen aufgrund der Lektüre dieser wunderbaren Novelle sich näher für das Schachspiel zu interessieren beginnen. So war es auch bei Severin.

„Also gut", dachte der fidele Student, „möge der Bessere gewinnen" und zog den Damenbauer auf d4. Und so wiederholte sich dieser erschachende Kurzbesuch in den nächsten Wochen. Er schlich jeden Morgen kurz nach 8 Uhr in das Wohnzimmer, überlegte kurz, manchmal länger, machte seinen Zug und ging wieder. Und bot dem Altmeister recht ordentlich Paroli, zumindest bis zu Zug 25, wo er nach einem Abzugsschach – in Schachkreisen ein Begriff für eine Angriffsfinte, bei der man durch den Abzug einer Figur mit einer anderen dem gegnerischen König ein Schach gibt und somit den nächsten Zug aufzwingt – einen Läufer für einen Bauern opfern musste. Ab da spürte er, dass er eine Niederlage nur sehr schwer verhindern konnte. Und als er nach

Zug 37 sah, dass sein König, dessen Bauernphalanx längst zerstört war, von beiden Türmen seines souverän aufspielenden Gegners gleichzeitig attackiert wurde, keinen Ausweg mehr hatte und er nach zwei weiteren Zügen ein Schachmatt hinnehmen müsse, spielte er die Partie trotzdem zu Ende, um seinem Lehrmeister diese letzte Ehre zu erweisen. Am Morgen der Mattstellung hielt er kurz inne, blickte respektvoll nach oben, stellte die Figuren wieder in die Anfangsstellung, legte den Schlüssel unter den Blumentopf neben der Eingangstür und ging mit einem erhabenen Gefühl nach Hause. Es war sein letztes geheimes Eindringen in die Residenz des Diplomaten.

Es gibt Dinge zwischen Himmel und Erde, die man nicht erklären kann. Er wollte es sich auch gar nicht erklären, er spürte nur, als er an jenem letzten Morgen durch den verschlafenen Ort spazierte, diese letzte Schachpartie hatte zu geschehen. Ewiges Leben winkt nur jenen, die im Vergänglichen alles abgeschlossen haben, das sie abschließen mussten. Er spürte, sein Lehrmeister und Vorbild, sein Mentor und Freund, er hatte diesen einen Sieg noch gebraucht, diesen letzten Triumph, um ein Gleichgewicht der Verhältnisse herzustellen, dieses finale Matt, um die Erinnerung an ihn nicht durch eine Niederlage zu trüben. Er brauchte es, um sich endlich reinen Gewissens aus dieser Welt zu verabschieden.

Auch diese hehre Erkenntnis entbot dem Studiosus die Novelle von Stefan Zweig: Dr. B. spielt gegen den amtierenden Schachweltmeister nur eine einzige Partie, die er gewinnt, weil er sie gewinnen muss, um inneren Frieden zu finden. Die er gewinnen muss, um das Trauma der schrecklichen Isolationshaft abzuschließen, um frei zu sein für einen neuen Anfang, um in Ruhe und Stille und als Tabula Rasa einen

Neubeginn in einer besseren Welt – in seinem Fall Südamerika – in Angriff zu nehmen.

Ein paar Tage nach der bisher süßesten Niederlage seiner vielleicht vielversprechenden Schachlaufbahn begegnete Severin während einer Joggingrunde der Witwe Rosmarie, die gerade ihre morgendlichen Einkäufe erledigt hatte. Er begrüßte sie mit einem Kopfnicken und zum ersten Mal nach dem Tod ihres geliebten Göttergatten verzogen sich die Mundwinkel zu einer Andeutung eines Lächelns und er glaubte sogar, in ihren Augen eine gewisse Ruhe und inneren Frieden entdeckt zu haben. Als spürte auch sie nun, dass ihr Gatte in Frieden ruhen würde. Und zum ersten Mal glaubte Severin in diesem Moment zu verstehen, was manche Großmeister meinen, wenn sie das Schachspiel als Geschenk der Götter bezeichnen. Und warum die *Schachnovelle* so endet, wie sie enden muss.

Stefan Zweig
* 28. 11. 1881 in Wien
† 23. 2. 1942 in Petropolis bei Rio de Janeiro

Nach wie vor ist Stefan Zweig einer der meistgelesenen österreichischen Autoren, vor allem seine Novellen (zum Beispiel *Der Zwang*, 1920; *Brief einer Unbekannten*, 1922; *Die Schachnovelle*, 1942) und Biografien (man denke an *Der Kampf mit dem Dämon: Hölderlin, Kleist, Nietzsche*, 1925; *Magellan. Der Mann und seine Tat*, 1938) erfreuen sich immer noch großer Beliebtheit. Seine intensive Freundschaft mit Sigmund Freud ist unverkennbar, die psychologische Analyse seiner Hauptfigur(en) steht immer im Zentrum seiner Novellen.

Der bekennende Pro-Europäer und Jude Zweig, dessen Werke 1933 dem Wahnsinn der Bücherverbrennung zum Opfer fielen, musste seiner geliebten Heimat den Rücken kehren. In den Jahren des Austrofaschismus emigrierte der überzeugte Pazifist zunächst nach London, übersiedelte 1940 nach New York und von dort nach Brasilien, wo er sich schließlich 1942 „aus freiem Willen und mit klaren Sinnen", wie er in seinem Abschiedsbrief festhielt, für den Freitod entschied. Das rastlose Wandern ohne Heimat, entwurzelt und depressiv, war dem großen Erzähler, dessen herrliche Prosa zu den besten ihrer Art gehört, was der deutsche Sprachraum je hervorbrachte, irgendwann zu viel. Sein Werk wird noch vielen kommenden Generationen Einblick in die menschliche Psyche geben. In seinem autobiografischen Werk *Die Welt von Gestern* (erschienen posthum 1942) blickt er auf sein Leben zurück. Es ist ein faszinierendes Zeitgemälde seiner Epoche.

Treffpunkt Schlachthof

Christiane F. und Wir Kinder vom Bahnhof Zoo

Jede Generation von Teenagern hat ihr prägendes Buch. Als der junge Johann Wolfgang von Goethe in den 1770er-Jahren seine *Leiden des jungen Werther* veröffentlichte, sprach er allen empfindsamen jungen Männern jener Zeit aus der Seele. Als J. D. Salingers *Fänger im Roggen* in den 1950er-Jahren auf den Markt kam, personifizierte der 16-jährige Holden Caulfield die Sorgen einer ganzen Generation mit der ach so verlogenen Erwachsenenwelt. Und als Christiane F. Ende der 1970er-Jahre in *Wir Kinder vom Bahnhof Zoo* ihre Jugenderfahrungen schilderte, elektrifizierte dieser tabulose Tatsachenbericht Teenager so dermaßen, dass das Buch innerhalb kurzer Zeit eine Millionenauflage erreichte. Es ist – oder sagen wir: es war – ein Buch, das Schülerinnen und Schüler freiwillig gelesen haben, in dem während der Unterrichtsstunden unter den Tischpulten geblättert wurde, ähnlich wie heute mit Smartphones. Es war ein Buch, das gelesen wurde, obwohl (oder vielleicht weil) es die Lehrer*innenschaft nicht auf die Leseliste setzte. Zumindest anfangs nicht. Der schonungslos erzählte, ungeschönte

Einblick in den Teufelskreis aus Drogensucht, Kriminalität und Prostitution schockierte und faszinierte die Leser*innenschaftschaft gleichzeitig. Eines jedoch hat sich irgendwann ein bisschen umgedreht: Ursprünglich wollten alle Schülerinnen und Schüler das Buch lesen und den Pädagog*innen war es zu pikant, dann begannen letztere es als Klassenlektüre zu entdecken und bald fanden es die Schüler zu wenig zeitgemäß. Die ganz große Popularität ist vorbei – neue Zeiten bringen neue Bücher, neue Themen, neue Medien, leider auch neue Drogen. Außerdem bezweifeln viele Lehrer*innen mittlerweile, ob das Buch wirklich die „beste" Lektüre zur Suchtprävention darstellt.

Unsere Geschichte spielt in Wels im oberösterreichischen Zentralraum. Tobi war ein Schüler der zweiten Klasse an einer Höheren Technischen Schule und verbrachte seine Freizeit mit seiner großen Leidenschaft: Skateboarden. Für gewöhnlich verbrachte er Freitag- und Samstagabende mit seinen Peers am Gelände eines alten Schlachthofes, dessen Architektur sich nicht nur perfekt zum Skaten eignete, sondern das auch einer der wenigen Treffpunkte für die Jugend der Stadt war. Man übte Slides und Kickflips, angefeuert von den Hip-Hop-Beats, die aus den Boxen dröhnten.

Tobis Deutschlehrer wollte seinen Schützlingen das Buch, um das sich diese Geschichte dreht, nicht aufzwingen, setzte es allerdings auf eine Leseliste, von der jede*r ein Buch wählen musste, um es der Klasse vorzustellen. Tobi wählte spontan *Wir Kinder vom Bahnhof Zoo*, weil er den Titel „irgendwie spannend fand". Und dann begann er zu lesen. Wie es bei der Lektüre bedrückender Bücher häufig zu beobachten ist, zog ihn das Buch in seinen Bann. Er fand den Schauplatz in den 1970er-Jahren zwar etwas veraltet, die Sprache ein wenig zu faktisch und den Jargon nervig, aber das dargestellte Drogenmilieu und vor allem die Echtheit der Geschichte mitreißend. So mitreißend, dass er das Buch schneller als vom Deutschlehrer gefordert auslas, im Unterricht vorstellte und weiterempfahl, und sogar den Welser Bahnhof, der im Vergleich zum Bahnhof Zoo ja harmlos ist, unbewusst ein wenig zu meiden begann. Am wichtigsten aber: Er beschloss, sein ganzes Leben keine Drogen zu probieren, nicht einmal die so genannten leichten, niemals, auf keinen Fall.

Nun war er ohnehin nicht der Jugendliche, der in einem Milieu verkehrte, das man als besonders problematisch bezeichnen würde, aber auch in seinem Freundeskreis wurde ein bisschen experimentiert. Deshalb sind die Teenagerjahre ja so spannend: Man ist ein Suchender, möchte alle Erfahrungen sammeln, alles auskosten, alle Tabus brechen: der erste Rausch, der erste Sex, ein Joint, eine kleine bunte Pille für den Abend im Club. Im Skatepark wurden Alkohol und Joints gereicht. Und Tobi sagte immer nein: Selbst wenn der süßliche Geruch verlockend war, wenn seine Freunde wieder einmal Gras dabei hatten, reichte er es jedes Mal in der Runde weiter, ohne selbst daran zu ziehen. Ein Bier, maximal ein zweites, gönnte er sich, aber mehr nicht, schon gar keine Drogen. Und immer, wenn er für einen Moment schwach wurde, dachte er an das Schicksal von Christiane F. Freilich ist Heroinabhängigkeit nicht mit einem Joint vergleichbar, das wusste er auch, und verübelte letzteres seinen Freunden nicht. Doch er hatte für sich entschieden, dass er diese Erfahrung nicht machen wollte. Zu sehr hatte ihn das Buch abgeschreckt, verstört und entsetzt. Er war zwar noch immer ein Suchender, aber jetzt wusste er zumindest mit Bestimmtheit, was er nicht finden wollte.

Ein interessanter Aspekt von Generationenbüchern ist, dass die ursprüngliche Intention gelegentlich nach hinten losgeht. Goethes *Werther* wollte eigentlich mitunter eine Warnung sein, dass zu viel Selbstmitleid und Gefühlsüberschwang der mentalen Gesundheit abträglich sein können. Trotzdem ließ dieser Briefroman nach seiner Veröffentlichung die Freitodrate junger Männer in die Höhe schnellen. Die fatale Schlagkräftigkeit von Literatur zeigt sich beim ebenso bereits erwähnten *Fänger im Roggen*. In einer Schlüsselszene sieht der Protagonist Kinder im Roggenfeld spielen und er will sie vor dem Sprung über die Klippe, also in die Fänge von Erwachsenen, schützen. Dies trieb einen geistig verwirrten jungen Mann dazu, sein einstiges Idol John Lennon zu ermorden. Er erklärte seine Tat damit, dass er Kinder vor der korrupten Erwachsenenwelt, zu der seiner Meinung nach mittlerweile auch Lennon gehörte, schützen müsse. Als ihn die Polizei verhaftete, überreichte er den Beamten sein zerlesenes Exemplar des Romans.

Die Biografie von Christiane F. dient vorwiegend der Abschreckung: Die ungeschminkte Darstellung der Drogenszene ist schmutzig, ekelhaft, voller Gestank, Schmerz, Erbrechen, Gewalt und Leid. Trotzdem ließen – hoffentlich müssen wir hier nur das Imperfekt beschwören – sich manche Jugendliche von dieser Geschichte anziehen, ja vom Reiz des Schmutzigen und Verbotenen betören. So verzeichnete man etwa in den Jahren nach der Veröffentlichung in Deutschland einen Anstieg des Heroinkonsums. Die Leiden des jungen W. werden hier zum Leiden der jungen F. Das zeigt uns, dass jede Leserin und jeder Leser in einem Buch etwas anderes sehen kann – auch hierin liegt die Macht der Bücher.

Ein „wichtiges" Buch erkennt man daran, dass es eine Wirkung auf die Leser*innen hat. Manche Bücher sind elegant und kunstvoll geschrieben, berühren aber wenig. Andere Bücher haben einen nüchternen, fast protokollarischen Ton, fesseln die Leserin und den Leser, aber und beeinflussen ihr Denken, berühren oder verstören, wirken lange nach der Lektüre nach. So ein Buch ist *Wir Kinder vom Bahnhof Zoo*. Es kann sich stilistisch nicht mit anderen Büchern (es gilt ja zudem als Sachbuch und nicht als Roman) der 1970er-Jahre messen. Das ist gar nicht sein Anspruch: Das Buch wurde von zwei Journalisten nach Tonbandprotokollen verfasst, und deren Augenmerk liegt auf dem, was ihrem Berufsstand geziemt: auf Probleme aufmerksam machen, darüber berichten, die Menschen informieren. Deshalb ist es ein wichtiges Buch. Auch wenn die Drogenszene und der Kinderstrich auf dem Bahnhof Zoo heutzutage zum Glück Geschichte sind. Auch wenn am Schlachthof in Wels, wo Tobi und seine Freunde Skateboardtricks üben, harte Drogen ohnehin kein Thema sind. Es ist ein Buch, das einen jungen Menschen auf alle Ewigkeit vor Drogenkonsum bewahrt. Mehr kann man von einem Buch eigentlich nicht verlangen.

....

Christiane Felscherinow
* 20.5.1962 in Hamburg

Christiane F. erlangte Ende der 1970er-Jahre Berühmtheit, als sie ihre tragischen Jugenderfahrungen im Buch *Wir Kinder vom Bahnhof Zoo* schilderte. Geschrieben wurde das Buch von den beiden Journalisten Kai Herrmann und Horst Rieck. Christiane F. durchlebte in ihrer

Kindheit häusliche Gewalt, begann Drogen zu konsumieren und prostituierte sich auf dem Kinderstrich. Die schonungslose Darstellung dieser Erlebnisse und der unerwartete Erfolg des Buches erhoben sie zur Symbolfigur der deutschen Drogenszene der 1970er- und 1980er-Jahre. Sie versuchte sich im Windschatten dieses großen Bekanntheitsgrades – man könnte auch Stigma sagen – als Künstlerin zu etablieren, der Erfolg blieb ihr jedoch versagt. In ihrer Autobiografie *Christiane F. – Mein zweites Leben*, die sie ebenfalls mit Hilfe einer Journalistin niederschreibt, klagt sie an: „Ich bin und bleibe ein Promi-Junkie. Eine Attraktion. Ein seltenes Tier." Der tragische frühe Ruhm verhalf zwar zu materiellem Wohlstand, verbaute ihr aber ein normales Leben, das sie trotzdem versuchte zu führen: Sie zog für einige Jahre nach Griechenland, verliebte sich, entliebte sich, gebar 1996 einen Sohn, der 2008 zu einer Pflegefamilie kam, und wurde immer wieder rückfällig. Manche Kritiker*innen betonen, dass ihr zweites Buch, welches den körperlichen und psychischen Verfall nach jahrzehntelangem Drogenkonsum schildert, eine größere Abschreckung vom Drogenkonsum sei als *Wir Kinder vom Bahnhof Zoo*. Mittlerweile hat sich Christiane F. aus der Öffentlichkeit zurückgezogen.

Echte Knickerbocker lassen niemals locker

Thomas Brezina und die Knickerbocker-Bande

„Elende Knickerbocker-Bande!", zischte Dr. Grassus Axel, Lilo, Dominik und Poppi zu. Dann versuchte er, so zu tun, als würde er schuhplatteln. ... „Wir sind also die Knickerbocker-Bande!", flüsterte Axel den anderen zu. ‚Warum eigentlich nicht?"
Thomas Brezina, Rätsel um das Schneemonster.
Die Knickerbocker-Bande, Band 1

Schriftsteller*innen sind in den Celebrity-Rankings unserer Zeit normalerweise eher am unteren Ende zu finden, was ihren Bekanntheitsgrad betrifft, also hinter Schauspieler*innen, Musiker*innen und Influencer*innen. Das ist schade, aber nun mal so. Einen Superstar der schreibenden Zunft kennt in Österreich allerdings nahezu jeder, ob Jung oder Alt: Thomas Brezina. Der vielschreibende Wunderwuzzi produziert Bücher am laufenden Band und erfreut so seit einigen Jahrzehnten die Herzen von Kindern und Jugendlichen mit seinem *Tom Turbo*, dem *Tiger-Team* oder der *Knickerbocker-Bande*. Letztere sollte für eine junge Frau aus dem Salzburger Land so prägend gewesen sein, dass sie das Schreiben ebenfalls zu ihrem Beruf gemacht hat.
In ihrer Kindheit offenbarten Fabienne zwei großartige Geschichtenerzähler eine Welt voller Abenteuer, exotischer

Länder und wundersamer Gestalten. Der erste war ihr Großvater, der sie schon als kleines Mädchen mit Gute-Nacht-Geschichten sanft in spannende Traumwelten schickte. Der zweite war Thomas Brezina, dessen *Knickerbocker*-Bände ihr aufregende Reisen und Erlebnisse mit einer tollkühnen Bande direkt ins Kinderzimmer brachten. Diese Buchserie funktioniert ein bisschen wie der Wandschrank nach Narnia: Sie verschafft Zutritt in eine wunderbare bunte Welt voller Geheimnisse. Der Stil ist einfach und schnörkellos, die Geschichten sind aufregend und spannend. Ja, es passiert immer etwas Dramatisches und es liegt dann an den vier Freunden – an der Knickerbocker-Bande –, den rätselhaften Ereignissen auf die Spur zu kommen. Im Zuge ihrer Abenteuer wird ihnen keine Verschnaufpause gewährt: Es gibt Verfolgungsjagden, zwielichtige Gestalten, Schneemonster, UFOs, vermeintliche Vampire und Geisterschiffe. Die aberwitzigen Irrfahrten sind so kurzweilig, dass Fabienne schon in der Volksschule ihre Pausen nutzte, um beim Lesen keine Zeit zu verlieren. Sie fieberte so sehr mit der Bande mit, dass es gar der Schulbibliothekarin auffiel, und so wurde sie als jüngste Bibliotheksmitarbeiterin aufgenommen – es gibt eben keinen schöneren Ort für einen Bücherwurm als eine Bücherei. Dort hat sie auch Freundschaften geknüpft, die heute noch anhalten. Buchliebe verbindet eben!

Die bibliophile Jungbibliothekarin beginnt schließlich selbst ein Buch zu schreiben, findet auf Anhieb einen Verlag und veröffentlicht mit sagenhaften 15 Jahren ihren ersten Abenteuerroman – eine unglaubliche Leistung! (Der Autor dieses Buches musste 42 werden, um sich den Traum einer Buchpublikation zu erfüllen.) Das ist eine schöne Parallele zu ihrem Vorbild Thomas Brezina, der bei seiner ersten Veröffentlichung genauso alt war.

Nach der Matura studiert Fabienne Germanistik, um sich weiter in Literatur vertiefen zu können, und schreibt als rasende Reporterin für ein Jugendportal und einen Community-Blog – und lernt dabei Maestro Brezina sogar persönlich kennen. Auch dieser Ratschlag, nicht nur zu lesen, sondern selber zu schreiben, kommt von beiden prägenden Geschichtenerzählern in ihrem Leben. Und schließlich verhelfen der jungen Frau ihr Talent und ihr Ehrgeiz zur Verwirklichung dessen, wovon viele Menschen träumen: Sie macht ihre große Leidenschaft zum Beruf. Fabiennes Geschichte beweist: Arbeitet man jahrelang hart und unbeirrbar auf ein bestimmtes Ziel hin, dann lässt es sich erreichen.

Der Stil von Thomas Brezina wird manchmal als seicht und unliterarisch kritisiert. Jedoch übersehen seine Kritikerinnen und Kritiker zuweilen, dass es sich um Kinder- und Jugendliteratur handelt. Die Bücher sind genau deshalb so erfolgreich, weil sie einfach zu lesen sind und trotzdem fesselnde Geschichten bieten. Viele Kinder finden sich darin wieder: In diesen Geschichten werden sie gebraucht, um ein Unrecht aufzulösen, sie lernen die Bedeutung von Teamarbeit schätzen, und sie halten bisweilen der Erwachsenenwelt einen Spiegel vor. Thomas Brezina hat das Geheimnis seines Erfolgs einmal treffend so formuliert: „Ich begegne Kindern auf Augenhöhe. Ich verniedliche sie nicht." Und das spürt man in jedem seiner mittlerweile über 500 Bücher. Manche Deutschlehrer*innen bezeichnen diese gar als perfekte „Einstiegsdroge" in die wunderbare Welt des Lesens. Der große kommerzielle Erfolg seiner Buchreihen gibt dem gebürtigen Wiener und Wahl-Londoner recht: Er ist der meistgelesene Autor Österreichs und in China nicht minder bekannt als J. K. Rowling.

Die Knickerbocker-Bande umfasst vier Mitglieder: Axel, Lilo, Poppi und Dominik. Alle haben unterschiedliche Talente und Temperamente, somit ist es ein Leichtes für jede Leserin und jeden Leser, sich mit einem der vier Charaktere zu identifizieren. Zudem sind sie unterschiedlich alt (zwischen Lilo und Poppi liegen fünf Jahre), auch das eine Botschaft an alle Teenager: Es ist nicht „uncool", jüngere oder ältere Freunde zu haben. Und ein wichtiger Aspekt, der Fabienne immer fasziniert hat: Der Boss der Bande, das „Superhirn", ist ein Mädchen, nämlich Lilo. Das ist ein besonders schöner Gedanke, und sie rechnet es Thomas Brezina hoch an, dass er schon in den frühen 1990er-Jahren so starke und vorbildhafte weibliche Figuren schuf, mit denen er gewissermaßen allen Mädchen und weiblichen Jugendlichen eine selbstbewusste Stimme gab.

Fabienne arbeitet mittlerweile als Zeitungsredakteurin in Salzburg. Als diese macht sie genau das, was ihr die Knickerbocker jahrelang vorgelebt haben: Neuen „Fällen" auf der Spur sein, mehr über bestimmte brennende Fragen und Angelegenheiten herausfinden, hartnäckig sein – eben ein wenig Detektivarbeit, denn: Echte Knickerbocker lassen niemals locker! Eine bessere journalistische (Vor-)Ausbildung als die Abenteuer der Knickerbocker-Bande hätte sie sich eigentlich nicht wünschen können. Und ihre Leser*innen danken es ihr nunmehr tagtäglich, dass sie mit interessanten und informativen Reportagen versorgt werden. Am liebsten liest die Neo-Redakteurin allerdings noch immer Abenteuergeschichten, und da kommt es ihr gerade recht, dass Thomas Brezina seine Knickerbocker 20 Jahre hat altern lassen, nur um sie als Erwachsene in *Alte Geister ruhen unsanft* wieder gemeinsam in einen rätselhaften Fall zu verwickeln. Und übrigens: Fabienne schreibt wieder selbst an einem Roman. Wir dürfen uns jetzt schon darauf freuen!

Thomas Brezina
* 30.1.1963 in Wien

Dem heute wohl populärsten österreichischen Kinder- und Jugendautor war blühende Fantasie schon in die Wiege gelegt worden: Bereits als Achtjähriger brachte Thomas Brezina seine Geschichten zu Papier und im Alter von 15 Jahren gewann er den Großen Österreichischen Jugendpreis für seine Drehbücher. Ab da ging es steil bergauf: Der Tausendsassa schrieb Hörspiele fürs Radio, moderierte und produzierte Sendungen im öffentlichen Rundfunk – die bekannteste: *Am dam des* – und, seine wohl größte Leidenschaft, verfasste Abenteuergeschichten für Kinder und Jugendliche: *Die Knickerbocker-Bande* (ab 1990), *Tom Turbo* (ab 1993), *No Jungs! – Zutritt nur für Hexen!* (ab 2001), *Ein Fall für Dich und das Tiger-Team* (ab 2008). Das ist freilich nur eine kleine Auswahl, und das deutet schon die unfassbare Produktivität dieses Vielschreibers an. Eine grenzenlose Fantasie und ein diszipliniertes Arbeitsethos – das sind die Hauptfaktoren seines großen Erfolgs. „Kreativarbeit ist harte Arbeit", bekannte Brezina einmal in einem Interview. Er könne nicht ruhen, ehe er jeden Tag eine bestimmte Anzahl von Wörtern zu Papier gebracht habe. Das Energiebündel denkt daher auch noch lange nicht ans Aufhören: Er habe so viele Ideen im Kopf, dass er sowieso nur einige wenige davon umsetzen könne. Generationen von Kindern und Adoleszenten und mittlerweile Erwachsenen, für die er z. B. den Ratgeber *Tu es einfach und glaub daran* (2018) geschrieben hat, sind ihm sehr dankbar dafür. Darüber hinaus ist es Thomas Brezina ein großes Anliegen, anderen Menschen, denen es nicht so gut geht, zu helfen – seit 1996 engagiert er sich als UNICEF-Botschafter von Österreich.

Die Schranken der Freiheit

Marlen Haushofer und Die Wand

Ich habe mich nie nachts im Wald gefürchtet,
während ich in der Stadt immer ängstlich war.
Marlen Haushofer, Die Wand

Eine alles versprechende Stimme breitete sich aus
Scheinbar schrankenlos Mögliches
Ließ das Innerste erzittern
Silvana E. Schneider, Drei Stufen

Als im März 2020 viele Staaten das öffentliche Leben einschränkten, Bars und Kinos schlossen und Konzerte und Kabaretts abgesagt wurden, mussten sich die Menschen plötzlich andere Freizeitbeschäftigungen suchen. Die schönste und bereicherndste von allen ist und bleibt das Lesen von guten Büchern. Vielleicht ist das ja tatsächlich ein positiver Effekt der Covid-19-Pandemie: Es gibt nun wieder mehr Bücherwürmer. So boten die Kulturredaktionen bald allerlei Leseempfehlungen für den „Lockdown" – Bücher, in denen man in dieser entschleunigten Zeit unbedingt schmökern müsse. Ein Roman findet sich auf den meisten dieser Lektürelisten: *Die Wand* von Marlen Haushofer. Es ist allerdings ein Buch, das immer schöne Lesestunden bereitet, nicht nur in Zeiten von Corona, aber da vielleicht noch ein bisschen mehr.

Marlen Haushofer schrieb *Die Wand* Anfang der 1960er-Jahre. Sie war damals in den Vierzigern und das Leben hatte ihr so manche Prüfung abverlangt: Mädcheninternat, alleinerziehende Mutterrolle, Hochzeit mit anschließender Scheidung und abermaliger Vermählung, Zwänge des Hausfrauenlebens. Das Schreiben bot ihr stets ein Ventil, diesem einengenden Korsett zu entfliehen, und so erschrieb sie sich in ihrem Meisterwerk eine Welt ohne Menschen, umgeben allein von Flora und Fauna – wenn man das pittoreske Steyrtal in den oberösterreichischen Kalkalpen, wo sie aufgewachsen ist, kennt, kann man die Liebe zur Natur durchaus nachvollziehen. Sie erbaute sich Seite für Seite eine unsichtbare Wand, die auf den ersten Blick so bedrohlich und apokalyptisch wirkt, aber innerhalb welcher sie letztendlich ungestört mit der Natur sein konnte. Die vermeintliche Dystopie wird dann ein doch sehr friedvoller, wenngleich recht einsamer Ort. Und all das erzählt sie uns in einer schlichten und faktischen Sprache, die fast ein wenig trostlos, aber genau deshalb auch empfindsam und unmittelbar wirkt.

Silvana aus München, ihres Zeichens selbst Schriftstellerin, las das Buch zum ersten Mal, als sie noch im hektischen kaufmännischen Bereich tätig war. Damals bot es ihr eine willkommene Fluchtmöglichkeit vom stressigen Alltag und sie merkte schon, was für eine tiefgründige Geschichte uns Marlen Haushofer da geschenkt hatte. Die große Wirkung des Buches, die lebensweisende Epiphanie, hatte sie jedoch erst später, Anfang der 2000er-Jahre, als sie den Roman zum zweiten Mal las. Zu jener Zeit war sie – und diese Phase verbindet die beiden Autorinnen – in engen Familienzwängen gefangen, als ihr Sohn noch sehr viel Zeit in Anspruch nahm und sie wenig Zeit und Muße zum Schreiben hatte.

Die Wand hielt ihr gewissermaßen einen Spiegel vor, sie fühlte eine starke Verbundenheit zur Protagonistin: Die Dichotomie, einerseits die von der Gesellschaft erwartete Mutterrolle zu erfüllen, aber andererseits genug Freiraum für ihre Leidenschaften und künstlerisches Schaffen zu haben, schien ein Widerspruch in sich zu sein, etwas, das nicht unter einen Hut zu bringen war.

Die Wand ist eine moderne Robinsonade, die sehr in die Tiefe geht: Was macht man, wenn man der scheinbar letzte Mensch auf der Erde ist? Wie geht man mit der erdrückenden Einsamkeit um? Anfangs hat die Ich-Erzählerin gar keine Zeit, über solche existenziellen Fragen nachzudenken: Sie pflanzt Kartoffeln und Bohnen, geht auf die Jagd, kümmert sich um die zugelaufene Kuh, die Katzen und ihren Hund, der ihr bester Freund wird. Als sie ihren Bericht verfasst, lebt sie allerdings schon einige Jahre alleine im Jagdhaus. Sie schreibt auf der Rückseite von alten Kalendern, um der Einsamkeit ein wenig zu entfliehen. Denn obschon sie froh ist, ihrem schwierigen, von Zwängen geprägten früheren Leben entflohen zu sein, ist ihre Einsamkeit während der Lektüre spürbar und die Leserin und der Leser merken: So ganz alleine ist dann doch zu viel des Guten. Ewige Einsamkeit ist ebenso keine Lösung.

Auch Silvana machte diese wichtige Erkenntnis beim Lesen des Romans: „Ich brauche keine Wand, ich brauche nicht die totale Einsamkeit, das wäre ungesund. Ich muss mir aber trotzdem – und das ist das Entscheidende! – meine Freiräume schaffen, meiner Berufung nachgehen, und dafür lohnt es sich zu kämpfen." Ja, man muss für seine Freiräume kämpfen! Und das tat sie dann auch und der Erfolg gibt ihr recht: Sie schreibt zunächst als freie Journalistin im Feuilleton und entdeckt schließlich ihre Passion fürs Literarische. Sie schreibt ein Buch und es wird ein Erfolg, sie schreibt noch ein Buch, und noch eines und dazu eine Lyriksammlung, Essays und Kurzgeschichten. Kurzum: Sie hat ihre Berufung zu ihrem Beruf gemacht, ist ihrer Leidenschaft gefolgt, hat sich ihre Freiräume geschaffen und genutzt, Familie und Individualität unter einen Hut gebracht. Und all das ohne eine trennende, fatalistische und unsichtbare Wand aufzubauen. Damit ist ihr geglückt, was Marlen Haushofer im Leben verwehrt blieb. Denn diese litt trotz mehrerer Publikationen und Auszeichnungen immer weiter an ihrer Rolle als Hausfrau aus den Kalkalpen und wurde in der hehren Wiener Literaturszene zu wenig wahrgenommen. Einst sagte sie sogar über sich: „Hätte ich gewusst, dass Schreiben meine Hauptaufgabe war, hätte ich nie Kinder bekommen."

Die Wand mutierte über die Jahrzehnte zu einem Bestseller mit Weltruf. Vor allem die Frauenbewegung in den 1980er-Jahren hätte das Buch gerne für sich vereinnahmt – aber *Die Wand* ist kein rein feministischer Roman. Klar, es ist verlockend, den Roman als radikale Emanzipation von der bösen Männerwelt zu deuten – immerhin ist der einzige Mann auf der einen Seite der Wand ein Mörder und Totschläger. Doch Silvana findet diese Lesart zu dünn: Das Buch ist viel mehr! Menschen mit Tiefgang werden sich in dem Roman vollends verlieren und Erkenntnisse gewinnen, sie werden sich für ihr eigenes Leben etwas Essenzielles herausholen – so wie es Silvana gemacht hat. *Die Wand* hilft uns, so manche innere Wand, so manche Schranken, die wir in uns tragen, niederzureißen.

Marlen Haushofer
* 11. 4. 1920 in Frauenstein, Bezirk Kirchdorf/Krems
† 21. 3. 1970 in Wien

Die Tochter eines Revierförsters und einer Kammerzofe hatte eine turbulente Kindheit und Jugend: Sie wurde gegen ihren Willen in ein Mädcheninternat gesteckt, erkrankte schwer an Tuberkulose, und nach der Matura wurde sie während des Zweiten Weltkrieges zum Reichsarbeitsdienst an die polnische Grenze geschickt. Marlen Haushofer verarbeitete diese traurigen Jugendjahre in den Romanen *Eine Handvoll Leben* (1955) und *Himmel, der nirgendwo endet* (1966). Überhaupt ist all ihr Schreiben autobiografisch, wie sie selbst einmal sagte – es bot ihr ein Ventil, ihren engen Zwängen zu entfliehen: „Meine Familie, mein Haus und mein bisschen Leben. Mehr geht in einen Menschen ja gar nicht hinein." In ihrem Meisterwerk *Die Wand* (1963) schreibt sie sich eine Welt ohne diese Zwänge – das heißt ohne Menschen – herbei. Leider konnte sie den Welterfolg dieses grandiosen Buches nicht mehr erleben, denn Marlen Haushofer starb im Alter von nur 49 Jahren an Krebs. Ihren eigenen Tod kommentierte sie schon im Vorfeld mit ihrer so unwiderstehlich nüchternen und weisen Art: „Mach dir keine Sorgen. Du hast zu viel und zu wenig gesehen, wie alle Menschen vor dir." Sie hat uns neben Romanen auch wunderbare Kinderbücher geschenkt, zum Beispiel *Bartls Abenteuer* (1964) und *Müssen Tiere draußen bleiben?* (1967).

Von Vampiren, Massagesalons und leeren Gräbern

Bram Stoker und Dracula

I am all in a sea of wonders. I doubt; I fear; I think strange things, which I dare not confess to my own soul.

Bram Stokers Protagonist Jonathan Harker in *Dracula*

Das Jahr 1816 sollte ob eines verheerenden Vulkanausbruchs als „Jahr ohne Sommer" in die Geschichte eingehen. Und dennoch war jener nicht vorhandene Sommer der wohl wichtigste in der Literaturgeschichte. Vier exzentrische Briten, die aus ihrer Heimat geflohen waren und sich am Genfer See Drogen, Liebeleien und der Lyrik hingaben, sollten mit ihren Ergüssen weitere Dichtergenerationen prägen. Ihre Namen waren Lord Byron, John Polidori sowie Mary und Percy Shelley. Zwei Romane, die in dieser betörenden Melange aus Dunkelheit, Drogenrausch und Schauergeschichten entstanden, sind *The Vampyre* von Polidori und der großartigste „gotische" Roman der Literaturgeschichte, *Frankenstein* von Mary Shelley. Dieser dunkle Sommer markierte die Geburtsstunde des Schauerromans.

30 Jahre später wurde in Dublin ein kränklicher Junge geboren, der bis zu seinem siebten Lebensjahr ans Bett gefesselt war. Obwohl er später wieder vollständig gesund wurde, kam er früh in Kontakt mit diesen Schauergeschichten und hatte alle Zeit der Welt, sich selbst derartige auszudenken.

Wohl deshalb studierte er später Literatur und wurde ein eifriger Theaterbesucher. Und während er sinnierte, welche Hauptfigur seinem eigenen Schauerroman zu Ruhm verhelfen sollte, traf er in London einen ungarischen Historiker, der ihm von dem berüchtigten walachischen Fürsten Vlad III. Draculea erzählen sollte. Jener war derart grausam, dass ihm die Geschichtsschreibung den Beinamen Tepes („der Pfähler") verlieh. Das Resultat dieser Begegnung ist Literaturgeschichte: Bram Stoker schrieb *Dracula*.

200 Jahre nach dem sinnlich-schaurigen Sommer am Genfer See stand ich vor einem Manuskript in der Stiftsbibliothek Lambach in Oberösterreich. Es stammte aus dem 15. Jahrhundert, beschreibt die Gräueltaten von Vlad Tepes und liest sich ein bisschen wie der Duktus heutiger Boulevardzeitungen. So habe er, laut Überlieferung, „mann, frawn, kinder klain vnd gross … sy all lassen spissen". Vlad Tepes war schon zu Lebzeiten ein berüchtigter Bösewicht, ein Unhold, mehr noch: ein sadistischer Herrscher ohne Gnade. Eine Frage jedoch konnte ich mir noch nicht beantworten: Warum hat Bram Stoker einen Vampir aus ihm gemacht?
Der berühmte Schauerroman faszinierte mich unendlich. Ich wollte mehr erfahren über Vampirlegenden und endlich das sagenumwobene Transsylvanien kennenlernen. Auch das ist eine wichtige Funktion von Literatur: Ein gutes Buch kann zu einer abenteuerlichen Reise inspirieren. Ich beschloss also, meinen Freund Iosif aus Studientagen, der im rumänischen Sibiu aufgewachsen ist und in Graz studiert hatte, zu besuchen, um diesem rätselhaften Mann – Vlad Tepes meine ich natürlich – ein wenig auf die Schliche zu kommen. Ein Roadtrip Richtung Osten, das alleine ist ja schon ein Abenteuer! Ich fuhr also von Graz durch Ungarn bis Transsylvanien, in den Landkreis Sibiu, wo sich eines der

malerischsten rumänischen Dörfer befindet: Biertan, neben dessen imposanter Kirchenburg mein Freund ein Haus erworben und renoviert hatte. Ich hatte ihn lange nicht gesehen und als ich vor seinem Domizil stand, stach mir ein *Dracula*-Zitat, das er im englischen Original neben der Eingangstür eingraviert hatte, ins Auge: „Welcome to my house! Enter freely. Go safely, and leave something of the happiness you bring." Ich musste schmunzeln und gleichzeitig lief mir ein kalter Schauer über den Rücken, denn ich hatte den Grafen selbst vor Augen, der diesen Willkommensgruß ja wie eine Warnung an seinen Gast richtet.

Zum Glück öffnete mir aber nicht Graf Dracula, sondern mein Freund Iosif die Haustür und so erkundeten wir in den folgenden Tagen gemeinsam diese wildromantische Gegend. Siehe da, in der mittelalterlichen Stadt Sigishoara, zu Deutsch Schäßburg, fanden wir eine Tafel an einer Tür: „Hier wurde Vlad Tepes geboren." Wir betraten das Gebäude, landeten in einer dunklen Kammer, in der Mitte ein Sarg, darin ein junger Mann, der sich kurz aufrichtete, einen schaurigen Laut von sich gab, und uns dann die Hand entgegenstreckte. Ja, fürs Erschrecken bitte Trinkgeld! Während wir uns von diesem eher amüsanten Erlebnis bei Dracula-Wein erholten, kramte ich nochmals den Roman von Stoker sowie eine neu erworbene Historie von Siebenbürgen hervor. Hier ist das Verblüffende: Bram Stoker hat völlig ungeniert den Fürsten der Finsternis von der Walachei nach Transsylvanien verlegt, gibt es hier ja mehr Burgen und zerklüftetere Landschaften, und ist die Region insgesamt einfach mystischer. Und die rumänischen Touristiker, anstatt dem irischen Dichter vehement zu widersprechen, stimmten ihm zu und erkannten das Dracula-Potential dieser geschichtsträchtigen Gegend! Und damit echte Dracula-Fans nicht enttäuscht sind, verlegte man die historischen Schauplätze aus dem Leben von Vlad Tepes einfach dorthin und brachte völlig ungeniert Tafeln wie jene zum angeblichen Geburtszimmer an. Dass jenes Haus zu seinen Lebzeiten noch gar nicht gebaut war, kümmert fidele Dracula-Gralsritter ohnehin wenig. Somit ist bewiesen: Die großen Romane der Weltliteratur vermögen sogar die Geschichtsschreibung zu beeinflussen. Allein diese Erkenntnis war die Reise schon wert. Dazu muss man Stoker hier einfach recht geben: Transsylvanien ist in der Tat ein geeigneter Schauplatz für eine Vampirgeschichte. Und der Schritt von einem grausamen Pfähler, der reihenweise Leute aufspießte und sich daran ergötzte, zu einem blutsaugenden Vampir ist tatsächlich – zumindest für die viktorianische Zielgruppe, für die er geschrieben wurde – ein relativ kleiner.

Ein paar Tage darauf begleitete ich meinen Freund auf eine Dienstreise nach Bukarest und trieb mich, während er seinen Geschäften nachging, ein wenig in der Innenstadt herum. Es ist keine sonderlich schöne Stadt. Das Zentrum quillt über mit schäbigen Tanzlokalen und Restaurants, die schamlos Fotos ihrer Köstlichkeiten vor dem Eingang plakatierten, und zwielichtigen Massagesalons. Bevor ich nun über die nächste Episode, die Schlüsselstelle dieser Geschichte, berichte, möchte ich an eine Stelle in Bram Stokers Roman erinnern: Eines Nachts, als sich Jonathan Harker, der Immobilienanwalt, der dem Grafen Dracula sein Haus in London vermitteln sollte, in ein verbotenes Schlafgemach begab, um dort Rast und Ruhe zu finden, wird er von drei betörenden Vampirinnen mit „voluptuous lips" (O-Ton Stoker) heimgesucht. Der Rechtswalt, ein eher trockener und nüchterner Mensch, ist vollends um seine Sinne gebracht und verliert in diesem Dunst aus Wollust und Erregung völlig die Selbstbeherrschung („I closed my eyes in languorous ecstasy") und ist dabei, sich mit Haut und Haar dem prickelnden Abenteuer hinzugeben. Bis dann der Hausherr höchstpersönlich erscheint. Diese Stelle der Erzählung hatte ich vor meinem inneren Auge, als mir eine Dame mit wallender Mähne und engem Lederrock zuzwinkerte, mich heranlockte, und mir eine Massage in gemütlicher Atmosphäre schmackhaft machen wollte. Mir ging es wie Jonathan Harker, ich stammelte sogar etwas von Dracula, Stoker und Vampirdamen, worauf die Masseuse spitzbübisch lächelte, ein Buch aus ihrer Handtasche kramte und genau die oben skizzierte Stelle aufschlug. Das Verblüffende war aber nicht, dass sie den bekannten Vampirroman kannte, das trifft nun wirklich auf alle Rumäninnen und Rumänen zu. Nein, das Verblüffende war die Ausgabe selbst, eine uralte antiquarische mit Leinenrücken und rotem Hartpappe-Einband, leicht vergilbt, oft gelesen, aber in einem guten Zustand. Am Cover in schwarzen Lettern der Titel des Romans, über den die mich verwirrende Dame behutsam mit ihren Fingern streichelte, abermals lächelte und versuchte, mich dann sanft aber bestimmt vom Getümmel der Straße zu ziehen.

Nun, wie Jonathan Harker letztendlich aus Schloss Dracula entfliehen konnte, verrät uns der Roman leider nicht. Doch Leerstellen dienen stets der Fantasie der Leserschaft. Mein Freund fand mich irgendwann am Morgen eingenickt auf der Bank eines Cafés, in dem wir uns zum Frühstück treffen wollten, vor. Ich wirkte, so seine Worte, zugleich verwirrt und etwas blass. Nun wünschte ich mir, das Kloster Snagov auf der gleichnamigen Insel am Rande Bukarests zu besuchen, immerhin die letzte Ruhestätte Draculas. Sagen wir: vermeintlich letzte Ruhestätte. Als man das Grab einst einmal geöffnet hatte, war es nämlich leer gewesen. Trotzdem ist die Klosterkirche, eine Pilgerstätte der Dracula-Verehrer*innen, einen Besuch wert, sie zeigt sich aufwendig restauriert und umgeben von einem Hauch unheimlicher Mystik. Ich ließ die schaurig-mythische Stimmung ein wenig auf mich wirken, schlenderte ohne Ziel herum und begutachtete die Wandmalereien und Gemälde. Vor einem dieser blieb ich wie angewurzelt stehen, traute meinen Augen nicht, blickte mich nach meinem Freund um, doch der war in jenem Moment von der Bildfläche verschwunden. Ich spürte einen kalten Windzug und mir war, als flackerten plötzlich Fledermausschatten an der Wand. Und während ich meine fröstelnde Gänsehaut ein wenig warmrieb, ließ ich das jahrhundertealte Gemälde auf mich wirken. Es zeigte jene Frau, die mich gestern Abend vom Getümmel der Innenstadt in ihren Bann zog. Jene Frau, die lächelnd eine Uraltausgabe von Bram Stokers Roman aus der Tasche gezogen hatte. Ich las den Namen unter dem Bildrand: Jusztina, die zweite Ehefrau von Vlad Tepes. Es schien, als funkelten ihre Augen, starrten mich an, wollten mir abermals zuzwinkern. Die gefährliche Schönheit und kühle Erotik ihrer Erscheinung trieben mir die Schamesröte ins Gesicht. Ich suchte meinen Freund auf, zerrte ihn aus der unheimlichen Stätte, und teilte ihm mit, dass ich die nächsten Tage gerne ein wenig wandern würde – nur bloß bitte keine Burgen und Klöster mehr, in denen ein gewisser Herrscher der Walachei oder sein Anhang verkehrt hatten. Ich weiß nicht warum, aber ich musste, als ich überhastet, erhitzt und doch frierend die vermeintliche Ruhestätte des Grafen Dracula verließ, an Bram Stoker denken, der im April 1912 unter mysteriösen Umständen verstorben ist. Manche sprechen von Schlaganfall, jedoch wurde die genaue Ursache seines Todes nie restlos aufgeklärt.

Bram Stoker selber hat Transsylvanien nie bereist und zudem die biografischen Details von Vlad Tepes völlig ignoriert. Trotzdem ist sein *Dracula* für viele immer noch eines der Hauptmotive für eine Reise nach Rumänien. Das beweist einmal mehr die Macht und Magie von Büchern. Und ich persönlich habe noch niemanden getroffen, der dann wirklich enttäuscht war, weil er in Transsylvanien keine echten Vampire getroffen hat.

Bram Stoker
* 8.11.1847 in Clontarf bei Dublin
† 20.4.1912 in London

Die ersten sieben Lebensjahre durch eine mysteriöse Krankheit ans Bett gefesselt, war Bram Stoker in Erwachsenenjahren wie seine berühmteste Figur ein nachtaktiver Mensch, weil er untertags keine Zeit zum Schreiben fand. Er arbeitete zugleich als Journalist, Theaterkritiker, Beamter und Privatsekretär des Shakespeare-Mimen Sir Henry Irving, dessen Wesenszüge teils in den Grafen Dracula einfließen sollten. Zudem war er mit Florence Balcombe, einer schönen Dame aus gutem Hause, verheiratet, was ihn zu einem umtriebigen Leben in der High Society verpflichtete und ihm zu seiner Unlust viele Abende am gesellschaftlichen Parkett bescherte. *Dracula*, über weite Strecken ein Briefroman, wurde zwar schon 1897 veröffentlicht, trat seinen Siegeszug aber erst Jahrzehnte später an. Den großen Erfolg dieser Vampirgeschichte durfte Stoker selbst also nicht mehr miterleben – ein Los, das er unter anderem mit Herman Melville und *Moby Dick* teilt. Er verstarb verarmt unter mysteriösen Umständen – manche sprechen von Überarbeitung – 1912 in London. Ein nobler Gedanke, dass er sich aus Liebe zur Literatur in den Tod schrieb. Wir können ihm ewig dankbar dafür sein, dass er neben Mary Shelleys Frankenstein den beliebtesten Bösewicht der gesamten westlichen Popkultur geschaffen hat. Wie langweilig wäre unser Leben ohne Vampirgeschichten!

Ärztin aus Leidenschaft

Elaine N. Aron und Sind Sie hochsensibel?

Ihr größeres Wahrnehmungsvermögen gegenüber Feinheiten trägt auch zu einer ausgeprägten Intuition bei, was ganz einfach bedeutet, dass Sie Informationen unbewusst beziehungsweise halbbewusst aufnehmen und weiterverarbeiten. Das Ergebnis ist, dass Sie oft etwas einfach so wissen, ohne dass Ihnen klar ist wieso.
Elaine N. Aron, *Sind Sie hochsensibel?*

Antonia ist Ärztin aus Zypern, die nach ihrem Medizinstudium nach Liverpool zog, um sich als Urologin fortzubilden, sich zu spezialisieren und nebenbei ihrem mediterranen Inselleben ein wenig Abwechslung zu verschaffen: Die britischen Inseln sind nicht nur größer, sondern galten ihr a priori auch als diverser und toleranter. Als Antonia im Jahr 2019 dorthin zog, stellte sich allerdings bald ein wenig Ernüchterung ein: Manche männlichen Kollegen wollten sie nicht akzeptieren und nahmen sie als Fachkollegin nicht ernst. Diese Ernüchterung wurde zum Frust und mündete schließlich in einer Depression, nachdem sie sogar begannen hatten, ihre Befunde und Entscheidungen ins Lächerliche zu ziehen und vor Patienten bisweilen Scherze zu machen. Ein klassischer und tragischer Fall von Mobbing.
Antonia litt unsäglich darunter, als Ausländerin konnte sie zudem auf kein Netzwerk bauen, sie erfuhr keine familiäre Unterstützung in Liverpool, die sie hätte auffangen können.

Und um die Katastrophe komplett zu machen, gab ihr ihr Freund, mit dem sie erst einige Monate zusammen war, während dieser depressiven Phase den Laufpass. Als einziger Ausweg schien ihr, eine Therapeutin aufzusuchen, welche für ihre Wehklagen vielleicht einen Ausweg wusste, vielleicht Ratschlag bieten könne. „I don't know what's wrong with me. I don't fit in anywhere" – so groß war ihre Verzweiflung, dass sie diese Sätze immer wieder vor sich hinsagte. Sie zweifelte an ihrer Eignung als Medizinerin, verlor ihr Selbstwertgefühl, wollte morgens gar nicht mehr aus dem Bett. Sich den ganzen Tag unter der Decke verkriechen – das war der einzige Ort, wo sie sein wollte.

Ihre Therapeutin hörte genau zu, hörte genau in ihre Klientin hinein, und kam dann zu einem für Antonia überraschenden Befund: Gar nichts sei falsch mit ihr, ja viel besser noch, das Gegenteil sei der Fall, dass sie nämlich zu einer Gruppe Menschen gehöre, die tatsächlich anders seien, aber im positiven Sinne, dass sie eine besondere Gabe habe, eine Qualität, die besonders im Arztberuf sehr hilfreich ist: Sie sei eine hochsensible Person. Das heißt, sie habe ein überdurchschnittlich hohes Maß an Empfindsamkeit und darauf müsse sie, trotz der emotionalen Achterbahnfahrten, die dieser Charakterzug verursache, wirklich stolz sein. Die Gabe will aber entwickelt werden. Und so gab sie ihr ein Buch mit zum Lesen: *The highly sensitive Person* (dt.: *Sind Sie hochsensibel?*) von der Universitätsdozentin und Psychotherapeutin Dr. Elaine N. Aron.

Dieses Buch, eines der erfolgreichsten psychologischen Sachbücher der letzten Jahre, ging mehr als eine Million Mal über den Ladentisch und ist für sehr viele Menschen ein essenzieller Ratgeber geworden. Immerhin trage laut der

Autorin eine von fünf Personen dieses Wesensmerkmal in sich. Es sei extrem wichtig, so die arrivierte Psychotherapeutin – selbst hochsensibel, wie sie sich bezeichnet –, dass sogenannte nicht-hypersensitive Personen darauf aufmerksam gemacht werden: „Highly sensitive people are real, we exist, and we've proven it. That alone is something to celebrate." Denn Menschen mit hoher Empfindsamkeit seien ein Gunstfaktor für die gesamte Gesellschaft, weil sie aufgrund dieser besonderen Gabe achtsamer und empathischer seien, und zwar im Beruf wie im Privatleben – sie würden normalerweise besonders tiefgründige Beziehungen pflegen. An Oberflächlichem seien sie nicht interessiert.

Antonia las dieses Buch mit großem Interesse, mit zunehmender Zuversicht, dass sie tatsächlich keine ernsthafte psychische Störung hatte. Sie begann sich in den im Buch dargestellten Fallbeispielen wiederzuerkennen, musste manchmal sogar lächeln, wenn sie Anekdoten las, die sie ähnlich erlebt hatte. Sie las das Buch dann gleich ein zweites Mal, diesmal unterstrich sie wichtige Passagen, machte sich Randnotizen, notierte ihre eigenen Gedanken dazu. Und kam schlussendlich genau zu derselben Erkenntnis wie ihre Therapeutin: „Eigentlich ist Hypersensitivität tatsächlich eine Gabe und vor allem in meinem Beruf, wo es ja darum geht, anderen Menschen zu helfen und ihre Probleme zu verstehen, äußerst dienlich."

Elaine Aron definiert Hochsensibilität als „hohe Sensitivität für subtile Reize als auch eine leichte Übererregbarkeit". Was heißt das im konkreten Fall von Antonia? Es bedeutet, dass sie sich besser in ihre Patient*innen hineinversetzen kann, dass sie viel subtiler Ängste und Sorgen erfassen und ihnen dadurch ein Gefühl des Vertrauens und der Sicherheit vermitteln kann. Es führte allmählich sogar dazu, dass sich Patient*innen ihr anvertrauen wollten, nur ihr, und nicht manchen ihrer Kollegen. Was wiederum dazu führte, dass sie als Ärztin Anerkennung fand und allmählich sogar von jenen männlichen Kollegen geachtet und gelobt wurde, die sich anfangs über sie lustig gemacht hatten. Von den meisten zumindest. Alle Menschen wird man im Leben nie erreichen – auch nicht als hochsensibler Mensch. Überhaupt wurde der Zypriotin bewusst, dass diese „Übererregbarkeit" genauso im Privatleben zum Ausdruck kommt. Wenn eine Beziehung nicht harmonisch gelebt wird, so wie es bei ihr der Fall war, dann ist das für hochsensible Menschen eine noch stärkere Belastung, als es ohnehin für die meisten Menschen schon ist. Dann fehlt bisweilen die Gesprächsebene, weil Situationen anders empfunden, intime Momente unterschiedlich ausgekostet werden. Und dann kommt es eben zur Trennung. „Not a big deal", denkt sie nun rückblickend mit britischem Understatement.

Antonia genießt mittlerweile ihr Leben in England und verbringt ihre Ferien auf Zypern. Sie hat sich einen kleinen, aber feinen Freundeskreis aufgebaut und blüht in ihrem Beruf, der ihre Berufung ist, auf. Ihre Patientinnen und Patienten schätzen sie, ihre Kollegenschaft respektiert sie, und irgendwann, so ist sie sich sicher, wird sie sich auch wieder verlieben – diesmal in den (dann wirklich) Richtigen! Jedenfalls sehnt sie sich nach jemandem, der sie annimmt, wie sie ist, der ihre sensible, leicht erregbare, ungemein zartfühlige Seite an ihr entdeckt, wertschätzt und liebgewinnt. So wie sie sich – mit Hilfe einer Therapeutin und eines weisen Buches – selber liebgewonnen hat. Und somit hat in dieser Geschichte ein Buch – und ist es am Ende „nur" ein Ratgeber, dessen Thesen in der medizinischen Fachwelt umstritten sind – nicht nur das Leben einer jungen Ärztin zum Guten verändert, sondern auch das von allen ihren Patientinnen und Patienten, die sich in ihre kompetenten Arme begeben. Mehr kann man von einem Buch wirklich nicht verlangen.

Elaine N. Aron
* 1944 in Kalifornien

Die US-amerikanische Psychologin und Autorin hat ihre akademischen Würden in Kalifornien und Kanada erworben und promovierte im Fachgebiet Tiefenpsychologie. In den 1990er-Jahren begann sie ihre Forschungen über Hochsensibilität, wobei sie bis heute als Doyenne und Pionierin gilt. Ihr Interesse an diesem Thema ist nicht rein akademisch, sondern auch persönlich. Da sie sich selber als hochsensibel bezeichnet und der Begriff medizinisch noch immer umstritten ist, wollte sie diese – laut ihr genetische – Eigenschaft untersuchen und in weiterer Folge Betroffene unterstützen. Die Notwendigkeit dessen zeigt sich im großen Erfolg ihres Buches *Sind Sie hochsensibel? Wie Sie Ihre Empfindsamkeit erkennen, verstehen und nutzen* (1996), das in dutzende Sprachen übersetzt wurde und Millionenauflagen erreichte. Weitere erfolgreiche Publikationen folgten, zum Beispiel *Hochsensibilität in der Liebe* (2006). Elaine Aron betreibt eine Praxis für Psychotherapie in ihrer Heimat Kalifornien.

Lawson's Creek

Henry Lawson und seine Outback-Gedichte

*Out in the West where the flood-water gathers –
Out in the drought on the sand desert lone –
Went the brave English and brave foreign fathers
Fearlessly facing the fearful unknown.*

Henry Lawson, Wide Lies Australia

Es gibt sie nicht mehr wirklich, die weißen Flecken auf der Weltkarte, die großen Abenteuer unserer Zeit. Alle Wanderlust findet nur mehr mit Netz und doppeltem Boden statt: Kreuzfahrten in die Arktis, All-inclusive-Resorts in der Südsee, Wallfahrten auf den Mount Everest, Golfplätze in der Wüste – die Liste ist uferlos und tränenreich. Wir – eine Dreiergruppe von Vagabunden – suchten ihn aber, den Hauch des Abenteuers, und vielleicht sollten wir ihn in den nahezu bevölkerungslosen Weiten Australiens, gepaart mit unsteten Witterungsverhältnissen, zumindest ein bisschen finden. Immerhin waren wir im Herzen – zumindest in unseren Urlaubswochen, und als Büroangestellte hatte ich, Stephanie, ohnehin nur fünf im Jahr – das, was Henry Lawson, der große Outback-Poet, in seinem gleichnamigen Gedicht als „Rovers" (Vagabunden) beschreibt:

*Some born of homely parents,
For ages settled down –
For steady generations*

Of village, farm, and town;
And some of dusky fathers
Who've wandered since the Flood –
The fairest skin or darkest
May hold the roving blood.

Mir wurde in einer Buchhandlung in Melbourne ein Gedichtband von Henry Lawson in die Hand gedrückt, und aus diesem sollten wir einander in der Einöde des Outbacks immer wieder vorlesen. Zeit dafür hatten wir dort genug und es schien auch der richtige Ort für Lyrik zu sein – fern der Hektik der Großstadt. Ich kannte ihn übrigens nicht, obwohl ich mich Magistra der Anglistik nennen darf. So blätterte mal ich in diesem Buch, mal taten das meine beiden Begleiter, und das letzte, was wir fast jeden Abend, bevor wir in unsere Schlafsäcke krochen, hörten, waren einige Zeilen von Henry Lawson. Es macht eine Australien-Reise noch magischer und mystischer, wenn man ihn als „Reisebegleiter" mit im Gepäck hat.

Es war fast dunkel, als unser Dreiergespann das Zelt mitten auf der Straße von Boulia nach Mount Isa aufschlug, beides Kleinstädte im semiariden Outback von Queensland. Es hatte den ganzen Tag wie aus Kübeln gegossen. Die tropischen Zenitalniederschläge im Norden Australiens sind ein Segen für das Ökosystem, aber ein Fluch für Reisende in den Sommermonaten, sie führen in der Regel zu großflächigen Überschwemmungen. Dann verwandeln sich trockene Flussbeete in reißende Sturzbäche, die Lehmböden können die Feuchtigkeit nicht aufsaugen und wirken wie bräunliche Ozeane, Straßen werden unpassierbar, Reisende zwischen Sturzbächen eingeschlossen. Wenn man Glück hat, dauern diese Niederschläge eine Nacht lang, wenn man Pech hat mehrere Monate. Ein deutscher Rucksacktourist gehörte etwa ein Jahr vor unserem Roadtrip zur zweiten Kategorie und musste sich tatsächlich einige Tage lang von Fliegen ernähren, bis ihn irgendwann die Behörden aufgespürt hatten. Im Allgemeinen wird deshalb eine Reise in den Wintermonaten der südlichen Hemisphäre empfohlen – aber Reisezeit und Schicksal sind eben nicht immer ein Wunschkonzert.

Wir brachen mitten im Südsommer zu unserem Roadtrip auf. Es war der achte Tag unserer Reise. Unser Allrad-Geländewagen hatte eine überflutete Stelle mit Glück noch passieren können, die nächste, einige Kilometer nordwärts, war aber zu breit, ein Sturzbach war an die Stelle des Bitumens getreten. Unser verzweifelter Versuch zur Umkehr blieb erfolglos, denn mittlerweile war die erste noch mit Glück passierte Stelle auch bereits völlig überflutet. Ein eigentlich „schöner" Gedanke für Naturromantiker: eingeschlossen zwischen zwei Sturzbächen im Outback des Wüstenkontinents. Die ansässige Bevölkerung frohlockte über den Wassersegen, während wir wie begossene Pudel unter dem verdeckten Sternenhimmel der Südhemisphäre standen, ratlos und rastlos.

Fast hätten wir uns zu einer großen Dummheit verleiten lassen, in unserer Hilflosigkeit und Verzweiflung, in unserem Unvermögen, Naturgefahren richtig einzuschätzen. Fast wären wir in unseren Geländewagen gestiegen und hätten eine Fahrt durch den Sturzbach riskiert. So eine kleine Überschwemmung sollte doch einem Allrad-Wagen nichts anhaben können. Jedoch ein weiteres Gedicht jenes Mannes, der das Outback mit all seinen Gefahren so liebte, war uns Warnung genug. In *The Drover* steht der junge Viehtreiber

Harry Dale vor genau so einem Sturzbach wie wir – und frohlockt noch selbstbewusst:

*We've breasted bigger rivers
When floods were at their height,
Nor shall this gutter stop us
From getting home tonight!*

Er schafft es allerdings nicht mehr nach Hause – er schafft es nie mehr nach Hause. Harry Dale unterschätzt gänzlich die Kraft des reißenden Wassers. Seine Freundin wartet vergeblich auf ihn in diesem traurigen Gedicht. Wir waren gewarnt und wollten nicht dasselbe Schicksal erleiden. Der große Poet des Kontinents, jener Mann, der uns unter anderem zu jener Reise inspirierte, sollte uns an dieser Stelle, so kann man es wirklich sagen, das Leben retten. Ein besseres Beispiel für die lebensrettende Kraft der Lyrik kann ich nicht nennen.

Wir schlugen also mitten auf der Straße unser Zelt auf. Die nächsten Stunden brachten so ziemlich alle Gefühlszustände, die man als Outback-Rookie in dieser Situation erfahren kann: von herzhaftem Gelächter, weil wir nun das Abenteuer erlebten, das wir doch irgendwie ersehnt hatten, zu Unbehagen, weil auch das Funkgerät außerhalb der Empfangszone war, von Handy und Internet ganz zu schweigen, zu gegenseitigen Schuldzuweisungen, wer denn auf die Schnapsidee gekommen war, bei Starkregen gen Norden zu fahren, bis hin zur Versöhnung und Eintracht, wild entschlossen, den Tücken der Natur mit allem Widerstand zu trotzen, *man versus nature*.

Wir entflammten den Gaskocher und bereiteten Eierspeise, reichten den Flachmann in der Runde und erzählten Witze.

Wir verschlangen das warme Essen, reichten abermals den Flachmann und versicherten uns gegenseitig, dass wir tage-, nein, wochenlang überleben würden. Unser 50-Liter-Tank war fast voll, der Kühlschrank zwar fast leer, doch man könne doch eine gewisse Zeit ohne Nahrung überleben, außerdem hatten wir reichlich Studentenfutter an Bord. Und wer weiß, ein Känguru zu erlegen, könne doch nicht so schwer sein!
Schließlich errichteten wir also das Zelt mitten auf der Straße hinter dem Auto, welches wir einige Dutzend Meter hinter der überfluteten Stelle geparkt hatten. Der rote Schlamm hatte die weiße Karosserie mit bizarren Wellenlinien verschliert. Parkleuchten ließen wir keine an, wer sollte denn schon kommen? Wir schliefen überraschend schnell auf dem harten Bitumen ein, vielleicht deshalb, weil unser Flachmann mittlerweile leer war. Wieder machten wir also das, was auch in *Rovers* geschildert wird:

Across the plains and ranges,
Away across the seas,
On blue and green horizons
They camp by twos and threes;

Das Licht war so grell, dass es mich durch das seitliche Netzfenster des Zeltes blendete, das Motorengeheul und Kauderwelsch an Stimmen beunruhigte mich, vor allem, weil ich es direkt vor dem Zelteingang vernahm. Ich rüttelte meine Gefährten wach, die dem Schlaf der Seligen frönten, zog den Reisverschluss des Zelteingangs auf und staunte nicht schlecht, als ich eine australische Kleinfamilie erblickte: einen bärtigen Hünen, seine robust gebaute Frau und einen kleinen Jungen, der mir mit seiner Taschenlampe direkt in die Augen blendete.

Verwirrt fragte ich: „Was zum Teufel ist denn hier los?"
Die drei Outbacker lächelten, die Taschenlampe auf die Stelle des Sturzbaches gerichtet: „Der Regen hat nachgelassen, ihr könnt die Stelle passieren. Wir kommen aus dem Norden, da war es noch ein bisschen schlimmer. Bis Mount Isa ist die Straße frei."
„Danke, genau das ist unser nächstes Ziel", war ich sichtlich erleichtert, „aber warum ist eine Kleinfamilie bei diesem Sauwetter zu dieser Zeit im Outback unterwegs?"
Die drei Glücksbringer lachten abermals und der Hüne erzählte: „Ich bin ein Swaggie, ein Wanderarbeiter, und bringe Zäune bei Gehöften wieder in Ordnung. Meine Dienste werden im Süden gebraucht. Ich habe meine Familie mitgenommen, dann fühle ich mich nicht so alleine."
Wortlos, ein wenig fröstelnd, müde aber glücklich bauten wir unser Zelt ab (während uns unsere neuen Bekanntschaften einige Outbackweisheiten eintrichterten), wendeten unser Auto, winkten den Leuten noch einmal zu und fuhren abermals nordwärts, während deren roter Pick-up Truck Richtung Süden rollte. Jeder über den Creek, über den der andere gekommen war. Und irgendwie waren wir dankbar, dass wir nun doch das gewünschte Abenteuer erlebt hatten, denn wie langweilig wäre unsere Welt denn, wenn nicht ab und zu ein wenig Gefahr aufblitzt, ein wenig Angst und Herzklopfen, sublime Situationen, die das mulmige aber erhabene Gefühl vermitteln, dass der Mensch die Erde doch noch nicht ganz unterworfen hat.

They conquer land for others,
For others find the gold –
What room, what room for rovers
When all the lands are old?

Henry Lawson
* 17. 6. 1867 in Grenfell
† 2. 9. 1922 in Abbotsford, ebenso in New South Wales

Aufgrund einer schweren Ohrentzündung bereits im Alter von 14 Jahren ertaubt, verbrachte Henry Lawson seine gesamte Jugend im australischen Outback. Das dortige Lebensgefühl sollte später auch in seinen Sydney-Jahren das wichtigste Erzählmotiv seiner Werke bleiben. Ab 1883 versuchte sich Lawson als Schriftsteller und Journalist in der Großstadt zu etablieren, erste Publikationen in Zeitschriften folgten, die Kurzgeschichtensammlung *While the Billy Boins* (1896) sollte ihn berühmt machen. Leider half ihm dieser Ruhm nicht über Trinksucht, ständige Geldnot und Depression hinweg. Seine Bekanntheit steigerte sich mit jeder weiteren Veröffentlichung, ebenso allerdings sein körperlicher und seelischer Verfall. Henry Lawson starb 1922 an einer Gehirnblutung, man erwies ihm die letzte Ehre mit einem Staatsbegräbnis.

Lawson gilt als die „erste" und wichtigste literarische Stimme Australiens, als Nationaldichter sowie Dichter der Herzen. Seine Gedichte handeln vom harten aber schönen Leben im Outback, von Wanderarbeitern und Vagabunden, von der Armut in Städten, von Helden, Halunken und Hallodris. Er beschrieb die Dinge so, wie er sie sah, mit „the truth of a writer's heart", wie er selbst im Gedicht *The Writer's Dream* bekennt.

Abschiedslektüre

Die Gedichte von Emily Dickinson

I heard a Fly buzz – when I died –
The Stillness in the Room
Was like the Stillness in the Air –
Between the Heaves of Storm –
Emily Dickinson, *I heard a Fly buzz*

Die Biografien von Schriftsteller*innen helfen uns bisweilen, ihr Werk zu deuten und besser zu verstehen. Die amerikanische Lyrikerin Emily Dickinson, aus deren zarter Hand die vorzüglichsten Verse stammen, welche uns die US-amerikanische Welt der Dichterinnen und Dichter je geschenkt haben, hinterließ der Nachwelt allerdings nicht nur jene meist kryptischen Geniestreiche, sondern auch einen Lebenslauf, der ein wenig Mysterium bleibt. So entschied sie sich für ein Leben als Einsiedlerin, weil sie in Abgeschiedenheit von ihren Mitbürgern ihr Leben selbst bestimmen, ihre Gedanken freier entfalten und ihre Leidenschaften – vor allem das geschriebene Wort – voller ausleben wollte. Oder, wie sie selbst so unwiderstehlich formulierte: „I might be lonelier without the loneliness".

Folgende Geschichte hat sich im kleinen Nest Posen im Norden des Bundesstaates Michigan zugetragen, der von seinen Einwohner*innen liebevoll „The Mitten" („der Fäustling") genannt wird, und zwar im Haus von Alfred und Agata,

welches sie seit 60 Jahren bewohnten. Die beiden waren einst aus dem Europa der Nachkriegszeit emigriert – er aus der DDR und sie aus Polen. Sie lernten sich 1950 bei einer Independence-Day-Parade in Detroit kennen und lieben, heirateten 1952 auf dem malerischen Lake-Huron-Inselchen Mackinac Island und erwarben schließlich das Haus in Posen, das nach Agatas Heimatstadt Poznan benannt worden war. Alfred war nunmehr im 91., Agata im 85. Lebensjahr, sein Körper lag in den letzten Atemzügen, ihrer war noch ziemlich vital. Er war mittlerweile ein Pflegefall, der den ganzen Tag in seinem Bett verbringen musste, welches man in sein Wohnzimmer verlegt hatte, damit er Besuche empfangen konnte, während sie fit genug war, jeden Tag Einkäufe zu erledigen, zu kochen, zu waschen und ihren Mann so gut es ging zu pflegen. Ihre Kinder Susan und Michael, Jahrgang 1952 und 1953, unterstützten sie dabei, bewunderten die Hingabe ihrer Mutter, ihre bedingungslose Liebe und ihre Aufopferung, alles zu tun, damit es ihrem an das Bett gefesselten Mann, der nach einem Sturz – einem Schwächeanfall geschuldet – auch auf seinen Rollator verzichten musste, gut gehe. Jedoch eine Sache machte ihnen Sorgen: Ihre Eltern verschwendeten in der Annahme, es ginge immer so weiter, keinen Gedanken an den Tod, weigerten sich, vor allem Agata, einer Zukunft ohne Alfred ins Auge zu sehen. Und sie befürchteten, sie wussten, dass ihrer Mutter das nahende Ableben von Alfred unendliche Schmerzen bereiten würde.
Also hatte Susan, die in der Onkologie-Abteilung des Krankenhauses der nächstgelegenen Stadt Alpena arbeitete und daher selbst ständig von Tod und Trauer umgeben war, eine Idee, welche sie ihrer Mutter in Form eines Muttertagsgeschenks überreichte: eine Sammlung ausgewählter Gedichte von Emily Dickinson. Jene Sammlung, in

der Susan selbst nach manch emotionalem Arbeitstag Trost und Schönheit findet.

Emily Dickinson hinterließ der Nachwelt knapp 2 000 Gedichte, in vielen geht es um den Tod. Ich habe am Anfang erwähnt, dass die Biografie von Schriftsteller*innen manch Einblick in ihr Werk gewähren kann. Auch wenn Emily Dickinson ein Mysterium bleibt: Ihre Faszination mit dem Tod ist zum Teil sicher dem Umstand geschuldet, dass sie als junges Mädchen ein Haus bewohnte, das neben einem Friedhof lag. So sah sie tagtäglich von der Veranda nicht nur den baumlosen, tristen Ort mit seinen Gräbern, sondern ab und an – eigentlich ziemlich häufig – einen Leichenzug dorthin, um Verstorbenen die letzte Ehre zu erweisen. Allmählich, so schien es, verlor der Tod, den Emily Dickinson in ihren Gedichten immer wieder personifiziert, seinen Schrecken, nicht aber seine Faszination. Sie hinterließ uns Leser*innen eine breite und erhabene Palette an Gedichten, in welchen sie sich diesem ernsten und sensiblen, für alle Menschen so finalen Thema aus allen Richtungen annähert, teils mit so gegensätzlichen Zeilen wie den eingangs zitierten, welche dem Sterbeprozess am Todesbett ein bisschen sein großes Pathos nehmen. Der Verstorbene berichtet – ein bemerkenswerter lyrischer Kunstgriff –, dass er im Moment seines Todes eine Fliege surren gehörte habe. Susan hoffte, die Lektüre dieser teils verwirrenden (aber unendlich weisen) Gedichte würde ein Türöffner für Alfred und Agata sein, dieses Thema ernsthaft und ehrlich, aber ohne zu viele Tränen miteinander zu besprechen.

Susan und Michael konnten nicht wirklich einschätzen, ob ihre Mutter, oder vielleicht gar beide Eltern, der Lektüre von alten Gedichten über den Tod einen Versuch geben wollten, geschweige denn ernst nehmen würden, und sie fragten zunächst auch nicht nach. Und doch hatte Susan das Gefühl, das richtige Geschenk überreicht zu haben, weil das Büchlein ja doch immer irgendwo in der Nähe des Krankenbettes herumlag – mal auf dem Nachtkästchen, mal auf dem Wohnzimmertisch, mal auf dem Fernsehsessel von Agata. Einmal im Sommer, als Susan mit ihrer Mutter Kuchen backte, Kaffee zubereitete und anschließend mit vollen Tassen in das Wohnzimmer kam, um Alfred Gesellschaft zu leisten, lag er lächelnd im Bett. Er sagte, er habe geglaubt, er sei schon gestorben: „Der betörende Duft süßer Mehlspeisen ist zu mir gedrungen … ich habe Fliegen herumschwirren gehört." Von da an wusste Susan, dass die Gedichte ihre Wirkung gezeigt hatten und dem Tod wohl ein wenig von seinem Schrecken genommen worden war.

Als Agata eines Tages Ende Oktober wie immer um 5:30 Uhr aufstand, um Tee zuzustellen und nach Alfred zu sehen, lag er friedlich und mit sanftem Gesichtsausdruck im Bett. Sie spürte sofort, dass er seine Augen nie mehr öffnen würde. Auf seinem Bauch lag aufgeschlagen das Buch von Emily Dickinson. Sie nahm es an sich und weinte bittere, aber auch erlösende Tränen, als sie jenes Gedicht, jene Zeilen, welche die letzten gewesen waren, die ihr geliebter Ehemann, der über 60 Jahre immer an ihrer Seite gelebt hatte, in seinem Leben lesen sollte, nun noch einmal laut vor dem leblosen Körper ihres geliebten Alfred mit brüchiger, aber bestimmter Stimme vortrug:

Because I could not stop for Death –
He kindly stopped for me –
The Carriage held but Ourselves –
And Immortality.

We slowly drove – He knew no haste
And I had put away
My labor and my leisure too,
For His Civility –

Emily Dickinson
* 10.12.1830 in Amherst, Massachusetts
† 15.5.1886 ebenda

Geboren in eine wohlhabende Familie, erhielt Emily Dickinson eine exzellente Schulbildung und galt in ihren Teenagerjahren als fröhliche junge Frau. Um 1850 entschied sie sich für ein Leben als Einsiedlerin und verließ ihr Haus so gut wie nie. Der Grund dafür wird wohl für immer ein Rätsel bleiben. Diese selbst gewählte Isolation ging so weit, dass sie mit Besucher*innen nur durch eine geschlossene Tür kommunizierte. In den 1860er-Jahren begann sie eine intensive Briefkorrespondenz mit Thomas Wentworth Higginson, dem Herausgeber der Zeitschrift *Atlantic Monthly*. Emily Dickinson war eine äußerst produktive Lyrikerin, sie hinterlässt der Nachwelt 1775 Gedichte, von denen nur eine Handvoll zu ihren Lebzeiten veröffentlicht wurden. Erst vier Jahre nach ihrem Tod publizierte Higginson gemeinsam mit Mabel Loomis Todd, der Freundin von Dickinsons Bruder, eine (wenngleich stark überarbeitete) Ausgabe ihrer Gedichte. Im Laufe des 20. Jahrhunderts wurden sie auch in ihrer „Urversion" wieder abgedruckt.

Emily Dickinsons Lyrik zeichnet sich durch einen einzigartigen Sprachgebrauch und eigenwillige Zeichensetzung aus, die Gedichte sind voller Symbole und Metaphern. Zu ihren Lieblingsthemen zählen die Liebe, der Tod und die Unsterblichkeit. Letztere hat sie in der Welt der Literatur mit ihrem hochbeachtlichen lyrischen Werk erlangt. Physisch schied sie 1886 im Zuge eines Nierenleidens von dieser Erde, doch wie schrieb sie selbst so unwiderstehlich:

I died for beauty – but was scarce
Adjusted in the tomb
When one who died for truth, was lain
In an adjoining room –

Der Kastanienbaum

Die Naturlyrik von John Clare

O Langley Bush! The shepherd's sacred shade,
Thy hollow trunk oft gain'd a look from me
Full many a journey o'er the heath I've made,
For such like curious things I love to see.

John Clare, O Langley Bush

Der britische Naturpoet John Clare – eine weniger bekannte, doch umso bedeutendere Stimme der Romantik – erzählte einmal, er hätte als Junge am liebsten Wiesen, Weiher und Weiler weit über die Grenzen des elterlichen Hofes erforscht, neue Sinneseindrücke gewonnen, Tiere des Waldes entdeckt und sie als Einwohner fremder Länder bezeichnet. Jedoch bei seiner Rückkehr, ein paar Stunden später, schien ihm die vertraute Umgebung immer ein wenig – und mit dem Verlauf der Zeit immer ein wenig mehr – fern, regelrecht langweilig und auf sonderbare Weise entfremdet. Und irgendwann, viel später in seinem Leben, als auch der mystische weiße Akazienbaum der oberen prologischen Zeilen der Zivilisation weichen musste, spürte der sensible Poet den Schmerz des Verlustes einer unbekümmerten, ja sinnlicheren, immortaleren Welt.

Irgendwie geht es ja allen Menschen, die in kleinen Orten aufwachsen, so: Man zieht in die Weite, kehrt zurück, findet die Oberfläche verändert – neue Häuser, Infrastruktur, älter ausschauende bekannte Gesichter und dergleichen –, aber darunter: alles gleich. Man fühlt sich irgendwie zuhause und trotzdem fremd, sucht im Stillstand des Zeitenlaufes Ruhe und Geborgenheit, und kann es doch kaum erwarten, wieder fortzureisen. So erging es auch Thomas, Student der angelsächsischen Literatur. Während eines Auslandsjahres in Liverpool rief er seine Mutter eines Tages an – etwa einen Monat, bevor er in den Sommerferien in sein entlegenes Kuhdorf am Rande des Toten Gebirges, in dem er aufgewachsen war, wieder zurückkehren sollte. Er erzählte voller Freude, dass es ihm gut gehe, die Stadt herrlich und die Kommiliton*innen nett seien und er sogar eine junge Dame getroffen habe, mit der er öfters auf ein gemeinsames Glas Rotwein und seltener Tanzen ging, und dass sein Auslandsjahr bisher ein Erfolg in jeder Hinsicht sei und höchst zufriedenstellend verlaufe. Freilich konnte er nicht ahnen, dass er damit eine Gerüchtelawine über die Totengebirgs-Gemeinde ins Rollen gebracht hatte, die wie ein großes Tiefdruckgebiet vom Atlantik an der Luvseite des Gebirges hängenblieb und vor nichts haltmachte – nicht vor dem lokalen Supermarkt, schon gar nicht vor dem Dorfwirt, ja nicht einmal vor dem Haus des geschätzten Bürgermeisters. Abgesehen davon, dass in kleinen Gemeinschaften ohnehin jede Neuigkeit über einen Sohn oder eine Tochter des Dorfes große Neuigkeiten sind, muss man wissen, dass Thomas als zukünftiger Akademiker (und somit mit dem Landarzt und Dorfpfarrer in denselben Hemisphären schwebend) natürlich besonderes Interesse auf sich zog. Vor allem, seitdem er vor knapp einem Jahr beim Dorffest stolz verlautbart hatte, für ein paar Monate in die ehrwürdige englische Industriestadt zu ziehen – für einige seiner Bekannten gleichzusetzen mit dem Rande der bekannten Welt. Auch sollte nicht verschwiegen werden, dass seine Mutter natürlich voller Stolz und Freude alle möglichen Neuigkeiten über ihren Sohn an die Dorfbewohner weitergab. Und wie es in kleinen Gemeinden so üblich ist, wurde aus jeder Mücke gleich ein Elefant. „Mein Sohnemann hat endlich eine richtige Freundin gefunden", hatte sie eines Tages beim Greißler verkündet. In der Bäckerei war sie schon die Frau fürs Leben, im Frisörsalon wollte man bereits den Hochzeitstermin kennen und in der Stammtischrunde abends beim Dorfwirt wurde über eine Schwangerschaft der zukünftigen „Zuagreisten" gemunkelt.

Als Thomas ein kleiner Junge war, stand vor jenem Dorfwirtshaus, wo die Gerüchteküche weiterkochte, ein alter, mächtiger Kastanienbaum – ein Naturdenkmal, das den Stammtischlern im Sommer manchen Schatten bot. Auf diesen lernte die Dorfjugend zu klettern, die Kinder klaubten im Herbst Kastanien und wurden dafür vom lokalen Metzger, der sie in seinem Wildgehege verfütterte, mit Frankfurtern belohnt. Dieser Kastanienbaum bildete mit dem gotischen Zwiebelturm der Kirche das eigentliche Zentrum des Ortes. Thomas freute sich immer auf den Baum, wenn er während der Sommer- und Wintersemester an der Universität in Graz seinen Heimatort an den Wochenenden besuchte. Es war, als hielten die mächtigen Äste seine Kindheitserinnerungen in behutsamer Bewahrung. Der Baum stand für ihn – war er doch im Herzen ein Poet – für eine unbekümmerte, liebevolle und naturverbundene Kindheit. Umso schockierter war Thomas, als er Anfang Juli aus Liverpool in das Tote Gebirge zurückgekehrt war und auf einem asphaltierten Parkplatz vor dem Dorfwirtshaus stand. Der mächtige Baum, der die Geschichte des Ortes über Jahrhunderte erzählt hatte – er war nicht mehr da, einfach wegradiert. Nicht einmal einen kleinen Hinweis auf seine Existenz hatte man hinterlassen: kein Loch in der Erde, kein Holz, keine Äste, keine einzige Spur. Der Baum hatte der Bequemlichkeit der Gäste, die nicht gewillt waren, über einen kleinen Umweg in die Gaststube zu spazieren, weichen müssen.

„My last looks linger on thy boughs with pain … like old companions never to meet again." So heißt es am Ende von *O Langley Bush*. Thomas hatte im Lyrikseminar an der Universität Liverpool das Gedicht von John Clare und ein weiteres über zwei Ulmen gelesen, und musste dabei immer an seinen Kastanienbaum denken. Und immer war er froh gewesen, dass sein Baum noch als Lebensbaum im Ortszentrum stand. Nun aber, an den englischen Naturpoeten denkend, fühlte er dessen Ohnmacht. Er spürte den Schmerz des Dichters, der zum Schmerz der Lesenden wird. Ein wenig Literaturtheorie: Der reale Schmerz des Dichters wird in tragischen Gedichten zum poetischen Schmerz und dieser zum gefühlten Schmerz der Lesenden, was ihren eigenen Schmerzen ein wenig mehr Melancholie und Würde verleiht, im besten Fall ein wenig erträglicher macht: Empfindsamkeit und Schönheit als sinnliches aber melancholisches, zutiefst poetisches Erlebnis. Jedoch, in Anbetracht der neu asphaltierten Parkfläche im Ortszentrum vermochte ein schönes, trauriges Gedicht nur wenig Linderung zu verschaffen. „This nature's link and endless thrall / proud men, still seems the enemy of all", schreibt John Clare in *Summer Evening*. Mehr konnte und wollte Thomas in diesem Moment nicht hinzufügen.

Während in Thomas ob des wegradierten Kastanienbaumes sommerliche Traurigkeit aufstieg, rätselte die hehre und wohlgesonnene Dorfgemeinschaft Anfang Juli, warum er seine bezaubernde und liebreizende Freundin, nein Verlobte, nicht mitgenommen habe, wo doch schon bald die

Hochzeitsglocken läuten sollten. Und als er seine Mutter mit großen Augen anstarrte, zuckte sie nur mit den Schultern, als wäre es ihr selbst ein Rätsel, dass er die lange Heimreise ganz alleine angetreten hatte. Nun war es aber tatsächlich so, dass die junge Dame mit dem Vornamen Patty ihren neuen Freund in den Sommerferien besuchten wollte und etwa drei Wochen nach Ankunft ihres scheinbar zukünftigen Gatten am Flughafen Salzburg eintraf, wo Thomas auf sie wartete, allerdings in eine schwere Bredouille versetzt, weil er diese Gerüchtelawine logischerweise nicht mehr, nicht mal ansatzweise hatte stoppen können.

Patty, die sich auf Österreich freute, auch deshalb, weil sie Germanistik studierte und ihr universitäres Wissen praxisnah am steirischen Landleben austesten wollte, nahm es anfangs noch relativ gelassen, ja mit Humor, als sie von der Nachbarin der elterlichen Residenz, welche den ganzen Vormittag am Gartenzaun gewartet hatte, freudestrahlend begrüßt wurde: „Ihr seid aber ein reizendes Pärchen. Habt ihr schon überlegt, wo ihr Häuslbauen werdet?" Ja, in der Tat, das österreichische Landleben schien der jungen Dame eine recht amüsante Abwechslung zum Liverpooler Großstadttrubel zu sein. Aber als dann der Dorfwirt, die Stammtischgenossen und der Greißler dieselbe Frage nochmals stellten und zudem der Pfarrer, der dem hehren Kreis des Stammtisches angehörte, sich erkundigte, für welchen Sonntag denn die Trauung geplant sei (und er sich schon recht freuen würde), sah die Angelsächsin ihren österreichischen Kommilitonen recht verdutzt, irritiert und ein wenig zornig an. Und obwohl dieser beim Spaziergang zu erklären versuchte, dass seine Mutter die Wahrheit über ihren Beziehungsstatus wohl ein bisschen „gedehnt" hatte und ein Kuhdorf nun einmal gerne Hochzeiten feierte, schien sich ihre schlechte Stimmung nicht wieder zu heben. Thomas stöhnte: „Diese negativen Schwingungen sind auf unseren weggekratzten Kastanienbaum zurückzuführen. Er war die Seele meines Ortes. Er hat unser aller Schicksal getragen und beeinflusst. Unser Korrektiv ist nicht mehr da!" Die Dame war nun noch verdutzter, ja, ein bisschen verängstigt sogar, weil sie glaubte, ihr so liebgewonnener Freund sei dabei, den Verstand zu verlieren.

Das Ergebnis: Sie zog überhastet die Notbremse, buchte ein Rückflugticket nach Nordengland nach nur ein paar Tagen in Mitteleuropa, und ließ nicht nur ihren Freund, sondern die gesamte Dorfgemeinschaft ein wenig enttäuscht und perplex zurück. Und so war das Sommermärchen, in dem sich ja tatsächlich das, was man hier eine Romanze nennt, hätte anbahnen können, bereits am ersten Tage durch die Gerüchtelawine erstickt worden. Thomas verbrachte nach diesem doppelten Dilemma – Baum und Frau – den Rest seines Sommers nicht in der Wiege seiner Kindheit, sondern in jener seiner Adoleszenz, in Graz, der Hauptstadt der grünen Mark, wo man noch ein bisschen anonymer ist. Er fühlte sich ein bisschen wie ein Tourengeher, der sich zwar der Gefahr eines Schneebretts bewusst war, aber die geballte Kraft erst dann zur Kenntnis nimmt, wenn er bereits drei Meter tief begraben ist. Und wie er von seinen Eltern, seiner Nachbarin und den Stammtischbrüdern des Ortes Monate später, als er wieder ein paar Tage auf dem Land verbrachte, gefragt wurde, ob er ihnen den Schlamassel mit der Britin – sie waren in der Tat ein bisschen einsichtig und hatten ein schlechtes Gewissen – verziehen hätte, bejahte er, ergänzte jedoch: „Doch das mit dem Kastanienbaum nicht! Nie!"

In einem Brief an einen Freund vergoss John Clare einst Tränen über das Abholzen zweier Ulmen und verfluchte deren Besitzer, der dies aus ökonomischen Gründen zugelassen hatte. In seinem Gedicht *A fallen Elm*, das dieser Tragödie entsprang, verleiht er seiner Ohnmacht Ausdruck. Seine Beziehung zu diesen Bäumen ist wie jene zu einem Familienmitglied und das Abholzen folglich gleichzusetzen mit dem Tod eines Verwandten. Der Verlust eines geliebten Baumes trübe auch die Erinnerung, immerhin sei ein solcher „a sacred dower of time", eine ehrwürdige Mitgift der Zeit: „We felt thy kind protection like a friend / Enjoying comforts that was never penned."

Wir Leser*innen von Geschichten sehnen uns ja immer nach einem Happy End. Hinsichtlich dieser Geschichte mag man die berechtigte Frage aufwerfen: Na und, Gerüchteküchen gibt's ja überall, aber warum sind die beiden – Thomas und Patty – denn nun wirklich nicht zusammen, wenn sie doch so gerne gemeinsam Tanzen und das eine oder andere Gläschen Wein trinken? Ich weiß es nicht. Es geht in dieser Geschichte gar nicht so sehr um die Beziehung zweier Menschen, sondern um einen Baum, einen Lebensbaum, der für immer weichen musste. Darüber hinaus geht es aber darum – und ja, diese Erkenntnis ist ein Happy End –, dass wir alle, so wie der Protagonist dieser Geschichte, Trost in der Lyrik vergangener Tage finden können. Lyrik, die beruhigt und dem Herzen Linderung verschafft. Lyrik heilt, Lyrik hält die Erinnerung am Leben, die ansonsten verblassen würde. Lyrik hat die Kraft, Unsterblichkeit zu verleihen. Wir beziehen Genuss und Trost aus John Clares Akazienbaum und den Ulmen 150 Jahre nach deren Abholzung. Und weil diese Geschichte nicht nur mit schönen Gedanken, sondern auch erhabenen Worten enden soll – hier die letzte Strophe aus dem Gedicht *I am* des großen Poeten, die zu den schönsten gehören, die jemals auf Englisch, ja jemals in irgendeiner Sprache geschrieben wurden:

I long for scenes where man hath never trod
A place where woman never smiled or wept
There to abide with my Creator, God,
And sleep as I in childhood sweetly slept,
Untroubling and untroubled where I lie
The grass below – above the vaulted sky.

John Clare
* 13. 7. 1793 in Helpston/Northamptonshire
† 20. 5. 1864 in Northampton

Der Sohn eines Landarbeiters, der trotz geringer Bildung wortgewaltige Gedichte über die englische Landschaft, die Kraft der Natur und die Schwäche des Individuums schrieb, genoss nur kurzfristigen Ruhm, als er 1820 seine *Poems Descriptive of Rural Life and Scenery* veröffentlichte. Die weiteren Werke des „peasant poet", der auch während seiner literarischen Erfolgsphase wie sein Vater als Landarbeiter tätig war, erhielten weit weniger Aufmerksamkeit. Clare verfiel zusehends der Melancholie, wurde depressiv und 1837 in eine Nervenheilanstalt gebracht, wo er seinen dunklen Geniestreich verfasste: *I Am* (1844). John Clare war einer der bedeutendsten Dichter der Romantik und machte sich vor allem als präziser Beobachter einen Namen; er selbst hatte die gut 40 Jahre zwischen Geburt und Nervenklinik vorwiegend am Land verbracht. Es heißt, er sei in dieser Zeit nur viermal in London gewesen. Schon die Titel seiner Lyrikbände enthüllen die große Liebe zur Natur (zum Beispiel *The Shepherd's Calendar*, 1827; *The Rural Muse*, 1835), wenngleich sie zu seinen Lebzeiten nicht sonderlich gewürdigt wurden – ein Schicksal, das er mit mehreren großen Dichterinnen und Dichtern, die in diesem Buch beschrieben werden, teilt. Wir sind dankbar dafür, dass man diesen klugen Poeten in den zurückliegenden Jahrzehnten schön langsam wiederentdeckt. Vielleicht trägt obige Geschichte einen weiteren Teil dazu bei.

Byronische Balz am Bosporus

Die Liebesgedichte von Lord Byron

*He could, perhaps, have pass'd the Hellespont,
As once (a feat on which ourselves we prided)
Leander, Mr. Ekenhead, and I did.*
Lord Byron preist seine eigenen Schwimmkünste
in seinem Epos *Don Juan*, Canto II, Strophe 105

Der große britische Poet und tragische Held Lord Byron, ein außergewöhnlich attraktiver Mann, hatte einen körperlichen Makel: ein Hinkebein. Dieser „Defekt" trieb ihn zu athletischen Höchstleistungen. So sei er zum Beispiel, erzählt man sich, über die Meerenge der Dardanellen – im Altertum bezeichnete man diese als Hellespont – von Europa nach Asien geschwommen. Rund zehn Jahre später, man schrieb das Jahr 1823, trieb ihn nicht der olympische Gedanke in diese Region, sondern kämpfte der britische Edelmann an der Seite der Griechen gegen die osmanischen Usurpatoren.

Knapp 200 Jahre später war ich zwar nicht wegen eines Freiheitskampfes nach Istanbul an den Bosporus gekommen, doch waren meine Motive durchaus idealistisch – könnte man zumindest romantisch verklärt sagen. Ich nahm nach Abschluss meines Germanistikstudiums in Berlin eine Stelle als Deutschlektor an einem türkischen Lisesi, einer namhaften Sekundarschule, an. Die Schule liegt im hippen

Stadtteil Beyoglu: pulsierend und nervenaufreibend. Überall und immerzu Menschenmassen, Kaffeetischlein, sobald die Randsteine genug Platz dafür bieten, endlose Autokarawanen, manchmal erstickende Luft, aber auch *Tausendundeine Nacht* reminisizierend, lächelnde Gesichter, Frauen von Burka bis Minirock, frisch gepresster Granatapfelsaft – und das stete liebliche Aroma aus Wasserpfeifen und fernen Gewürzen, das wie ein besänftigender Nebel die gesamte Stadt verschleierte. Ein Erlebnis für Tourist*innen aller Herren Länder, aber leben wollte ich dort nicht, war ich doch, so könnte man mit vorgehaltener Hand über mich munkeln, eine zartbesaitete Dichterseele, die viel Ruhe brauchte und keine nennenswerten Gedichte schrieb.

Ich hatte mir eine Wohnung im asiatischen Teil der Metropole gesucht, wo es ein bisschen ruhiger, entschleunigter, weniger überladen zuging, und nahm jeden Morgen die Fähre nach Kardiköy, der Anlegestelle in Europa, und mäandrierte von dort durch die Menschenströme in meine Schule. Ein schöner Gedanke eigentlich – in Asien wohnen und in Europa arbeiten. Nun bin ich zwar kein Poet, doch verbrachte ich meine Abende am liebsten mit den Werken der großen Lyriker und Romanciers, meistens mit einem Tässchen türkischen Çay und einer Handvoll Lokum, einer Art aromatisierten Fruchtgelee. Wie alle empfindsamen Dichterseelen war ich angetan vom Gedanken der glühenden romantischen Liebe, gleichzeitig fühlte ich mich aber auch in den magischen Bann endloser Melancholie gezogen. In meinem verklärten Selbstbild war ich ein rastloser Wanderer, der zwischen den Oasen der Sehnsucht nach Liebe dürstete, letztendlich aber einsam blieb. Bei großen Poeten vermochte dieser blutende innere Schmerz seinen Weg in unsterbliche Zeilen finden – mir jedoch blieb diese heilsame Linderung versagt.

Auf der morgendlichen Fähre, wo ich döste, tagträumte und meinen sehnsüchtigen Blick über den Bosporus schweifen ließ, hielt ich an jenem Morgen inne: Eine dunkelhaarige Schönheit mit lockigem Haar, welche die Überfahrt nach Europa für ein Nickerchen nutzte und in ihrem Traum so verführerisch lächelte, dass ich ob meiner anzüglichen Gedanken meinen Blick nur mit großer Anstrengung wieder auf den kühlen Bosporus wandern lassen konnte, saß auf der Bank gegenüber. Ich bemerkte das Buch, welches verkehrt aufgeschlagen auf ihrem sinnlichen Schoß ruhte: Es trug einen deutschen Titel. „Das reizende Geschöpf spricht also tatsächlich meine Muttersprache, war sie vielleicht sogar eine Absolventin meiner Schule?" Diese Erkenntnis pumpte mir Blut in mein Herz, für einen kurzen Moment spürte ich etwas von der byronischen Kühnheit eines Mannes, der sich nur von seinen Leidenschaften treiben lässt: Ja, die Dame musste mit Stil erobert werden. Erobern – welch schreckliches Wort! Ich musste sie gewinnen, verzaubern, entzücken.

Da ich mit meinem bescheidenen Talent dazu nicht in der Lage war, suchte ich um Rat bei jenem, der nicht nur für seinen Wagemut in der Schlacht, sondern auch beim schönen Geschlecht berüchtigt war – bei *dem* stürmischen Schwerenöter seiner Zeit, bei jenem Mann, der 200 Jahre vor mir in diesen Gewässern geschwommen war: Lord Byron. Ich hatte stets ein Büchlein mit dem bedeutungsschwangeren Titel *Die schönsten Liebesgedichte* bei mir, welches natürlich einige Juwelen des Dichterfürsten in brillanter Übersetzung aufbot. Eines davon kritzelte ich auszugsweise auf eine Seite meines Notizbüchleins, faltete es und steckte es der Dame in die Handtasche, bevor ich mich schmunzelnd und mit einigen verwirrten Blicken auf mich geheftet davonstahl:

*Als wir uns trennten
in Schweigen und Leid,
brechenden Herzens,
für lange Zeit,*

*bleich war die Wang und kalt,
kälter der Kuß, –
wahrlich, mein Ahnen
galt bitterem Schluß.*

*Und säh' ich dich wieder
nach langer Zeit, –
wie sollt' ich dich grüßen?
In Schweigen und Leid.*

Darunter noch der Vermerk: „Erlöse mich von meinem Leiden: Café beim Galataturm, 18 Uhr. Der Herr mit dem Gedichtband in der Hand." Ja! Endlich einmal hatte ich einen kleinen Anflug byronischer Größe, dies war in der Tat die Tat eines Mannes, der sich alleine von seinen Leidenschaften beherrschen ließ. Oder war es doch ganz anders? Mein ritterlicher Heldenmut bestand darin, einen Zettel in die Handtasche einer schlafenden Dame zu stecken.
Der Tag an der Schule verlief rastlos, ich redete wirres Zeug und mein Vortrag war kryptisch, ich benetzte jede Pause mein Gesicht mit kaltem Wasser, versuchte meine ekstatische innere Erregung mit langweiligen Grammatikübungen abzuschwächen, doch es gelang nicht. Meine Schüler lächelten ob meiner zerstreuten Erläuterungen, getrauten sich jedoch nicht zu fragen, was mich denn so aus der Fassung brachte, mein Kollegium merkte zum Glück weniger – verloren in Gedanken schien ich nun wahrlich meistens, wenn auch aus weniger konkreten Gründen.

Dann endlich war der Schultag zu Ende, ich wusch mir noch einmal mein Gesicht, gönnte mir einen Auberginensalat und einen halben Liter Wein zum Abendessen und war schließlich eine halbe Stunde vor der Zeit, die ich auf den Zettel gekritzelt hatte, im Café. Ich versuchte mir die freudige Warterei mit Lyrik und türkischem Kaffee zu versüßen und für eine Weile schien ich inneren Frieden und Glück zu spüren. Dann aber war es bereits viertel nach Sechs und ich wurde unrund und nervös, ich zweifelte zunehmend an meiner schöngeistigen Taktik und verfluchte das Schicksal, das Menschen wie Byron zu Draufgängern und Menschen wie mich zu Verlierern gemacht hatte. Dann schließlich – ich hatte mir meine Niederlage schon eingestanden – brachte mir einer der Kellner ein Kuvert an den Tisch, achselzuckend und doch schmunzelnd, das folgende Notiz enthielt:

Weshalb, o Liebe ist im Erdenstaube
Geliebt zu werden Unheil und Verderben?
Ach, mit Cypressen schmückst du deine Laube
Und lässest uns mit Seufzern um dich werben.
Wie ich, vom Duft entzückt, die Blume raube,
Und lasse sie an meinem Busen sterben,
So wird das zarte Haupt, das uns beglückt,
An unser Herz gelegt und da – zerdrückt.

Darunter folgende Notiz: „Du wirst Erlösung finden, doch nicht von meiner Hand. Die Dame mit dem Ehering auf dem Finger."

Dieser poetischste aller Körbe, dieses Klagelied aus dem byronischen Epos *Don Juan* lockte mir zunächst ein Schmunzeln hervor, ich musste anerkennen: Die Dame, die Byron wohl genauso verehrte wie ich, war mir haushoch überlegen. Dann jedoch befiel mich wieder eine schaurige Schwermut. Es hätte doch so schön sein können. Ich legte fünf Lira auf den Tisch und schlich ein bisschen gedemütigt um den Galataturm, um den kichernden Blicken der Kellner, sie waren wohl von der Dame eingeweiht worden, zu entfliehen.

Mittlerweile war ein Tief vom Marmarameer aufgezogen, es brachte kühlen Wind und Regen. Verhärmt und verloren schlurfte ich den Galatahügel zur Fähranlegestelle hinunter. Mir war kalt, innerlich wie äußerlich. Und als ich mir beim kleinen Laden an der Uferpromenade noch ein wenig türkischen Honig kaufte, um meinen furchtbaren Abend zumindest ein klein wenig zu versüßen, dabei an die hoffnungsfrohe Szene am Morgen in der Fähre denkend, sinnierte ich ein wenig über das Gedicht Byrons, mit dem ich um die Dame hatte werben wollen. Die Wehmut und die Unerfüllbarkeit der dargestellten Liebelei im Gedicht, ja in der Tat die qualvolle Erkenntnis der Untreue, die sich wie ein Dolch in das Herz des Dichters bohrt, hätten mir Warnung genug sein müssen. Jedoch, und dies hatte mir der große Liebhaber und Abenteurer am heutigen Tage gelehrt: Man muss es trotzdem versuchen! Einsamkeit überwindet man nur dadurch, indem man etwas riskiert, auf Leute zugeht, sein Herz öffnet, seinen Leidenschaften nachgibt, seine Schüchternheit ablegt. Versuchen, scheitern, aufstehen, erneut versuchen. Zurückweisung schmerzt, doch sie ist ungleich poetischer und erhabener als Untätigkeit aus Scham.

Ich kaue nun doch irgendwie lächelnd an meinem türkischen Honig und beende diese Geschichte mit zwei Strophen aus dem Mittelteil des Gedichtes, mit dem ich am Morgen um die Gunst einer Dame geworben habe. Damit schließt sie zwar noch immer nicht romantisch, doch Sie, liebe Leser*innen, beenden sie zumindest mit einer Sprache, deren sanfte Schönheit stets und immerzu ein wenig Linderung verschafft:

Sie flüstern und scherzen,
sie kennen ja nicht
den Gram hier im Herzen,
den Schmerz, der nicht spricht.

Geheim, wie die Lust war,
geheim ist der Schmerz,
daß falsch deine Brust war,
und treulos dein Herz.

George Gordon Lord Byron
* 22. 1. 1788 in London
† 19. 4. 1824 in Missolonghi, Griechenland

Der große Dandy seiner Zeit war ein extravaganter Edelmann, berüchtigt und begehrt, ein Reisender, Politiker und Liebhaber, über den eine Verflossene, eine gewisse Lady Caroline Lamb, einst sinnierte, er sei „mad, bad and dangerous to know". Gleichzeitig war der aristokratische Hedonist – im Übrigen ein enger Freund Goethes – einer der bedeutendsten Dichter der Romantik und später – mittlerweile der romantischen Lyrik überdrüssig – der Verfasser beißender und glänzender Satiren, deren bekannteste das Epos *Don Juan* (1823/24) ist. Berühmtheit erlangte er vor allem mit der autobiografischen

Verserzählung *Childe Harold's Pilgrimage*, auf Deutsch *Childe Harolds Pilgerfahrt* (ab 1812), welche die Reisen und Zerstreuungen eines jungen Mannes beschreibt. Nach allerlei skandalträchtigen Affären verließ er England 1816 für immer, sein Sommer am Genfer See im selben Jahr sollte der literarisch bedeutendste der Literaturgeschichte werden (siehe dazu Kapitel 18). Lyrisch wandelte er seinen Stil von romantisch-melancholisch zu satirisch, während er persönlich von einem Libertin zu einem Freiheitskämpfer mutierte. 1823 kämpfte er auf Seite der Griechen gegen die Türken, wurde schwer krank und starb ein Jahr später. Lord Byron hat uns nicht nur unzählige herrliche Gedichte hinterlassen, sondern auch den Archetypen des „byronischen Helden" („byronic hero"): ein Außenseiter und Rebell mit dunklen Geheimnissen und Begierden, ganz wie sein Erfinder. Dieser Archetyp hat seit Byrons Zeit die Literatur beeinflusst – ein grandioses Beispiel ist die Figur Heathcliff in Emily Brontës *Sturmhöhe* (siehe Kapitel 25) – und sogar Einzug in die zeitgenössische Erzählkunst gefunden, zum Beispiel als Professor Snape in Joanne K. Rowlings *Harry-Potter*-Romanen (siehe Kapitel 5).

Eine Sternstunde der Menschheit

Johann Wolfgang von Goethe und die Marienbader Elegie

Und wenn der Mensch in seiner Qual verstummt,
Gab mir ein Gott zu sagen, was ich leide.
Mit dieser Wehklage aus *Torquato Tasso* beginnt
Goethe seine *Marienbader Elegie*

Der alternde Dichterfürst Johann Wolfgang von Goethe behauptete einmal, in seinem Leben keine vier Wochen glücklich gewesen zu sein. Es gibt wohl tatsächlich nicht viel, was Menschen in dieser erhabenen Liga, dieser geistigen Hemisphäre zu Glücksgefühlen verhelfen mag. Und doch waren es im Jahr 1821 nicht die sagenumwobenen Heilkräfte des Thermalwassers des westböhmischen Kurortes Marienbad, welche dem gealterten Edelbarden zur raschen Genesung verhalfen, sondern die betörende Schönheit und jugendliche Unschuld von Ulrike von Levetzow, die kokette 17-jährige Tochter eines Feldmarschalls, die ihren Sommer ebenfalls im besagten Kurort verbrachte.

Nun zählte der Meisterpoet zu diesem Zeitpunkt nicht nur schon 72 Lenze, auch der Zahn der Zeit hatte an dem einst so adretten Stürmer und Dränger genagt, ihn der meisten seiner eigenen Zähne beraubt, seine Haut verfahren und seinem Körper unästhetische Rundungen angedeihen lassen. Doch die unverhoffte Kraft einer neuen Liebe ließ diese körperlichen Defizite zur Randerscheinung verkommen und erfüllten Goethe mit einer geradezu jugendlichen Vitalität. „Beauty is truth and truth is beauty", wusste schon John Keats. Der alte Mann und das junge Mädchen – ein uraltes, obschon freilich sehr fragwürdiges Klischee.

All dies ging Wilhelm vor dem Goethe-Denkmal durch den Kopf, als er, um sein geschundenes Herz nach einer bitteren Trennung ein bisschen auszukurieren, mit seinem besten Freund und Seelentröster in Marienbad angekommen war, wo er ein verlängertes Wellness-Wochenende gebucht hatte. Die Gedichte des wohl größten deutschen Dichters hatten ihm in den letzten Wochen immer wieder Linderung verschaffen.

Dichter*innen lehren uns, dass es magische Momente gibt, die sich zuweilen schon im Vorfeld bemerkbar machen. Man spürt dann schon beim Ankleiden der Abendgarderobe, dass eine günstige Sternenkonstellation in der Luft liegt. Es sind solche Abende, an denen man von der richtigen Gruppe an Leuten umgeben ist, wenn der Pianist an der Bar gleich einen Lieblings- und Liebessong spielt, die Bartenderin mit einem Lächeln ein wärmendes Begrüßungsgetränk auf den Tresen stellt, der beste Freund als Seelentröster und Wingman gleich eine Flasche Becherovka auffahren lässt. Schließlich die überaus bezaubernde Blondine, die – aus welchem Grund auch immer – alleine an der Bar sitzt und mit einem Lächeln andeutet, dass der Platz neben ihr noch frei ist. Wo sie der erste banale Witz gleich noch mehr zum Lächeln bringt und sie Interesse und Erregung zeigt, ohne dass man ihr überhaupt ein Getränk vor die Nase gestellt hat. Und dann ist sie sogar noch aus derselben Heimatstadt Bayreuth! Solche Abende! Freilich sind diese eher eine Seltenheit. Doch manchmal ist Dichtung Wahrheit.

Da jene feucht-frivole Stimmung ohnehin recht schwerlich in Worte gefasst werden kann, sei zusammenfassend festgehalten: Die Nacht, in der Wilhelm mit seiner neuen Bekanntschaft geschwatzt, getrunken, über Liebe und Thermalwasser sinniert und getanzt hatte, endete damit, dass der zerbrochene Herzensbrecher, am Ende mit ausreichend Becherovka und Selbstvertrauen durchtränkt, beschloss, sich nicht auf die klassisch-langweilige Art zu verabschieden – also neue Bekanntschaften auf Facebook zu adden, wie man das so nennt. Nein, er nahm ein Zettelchen, kritzelte darauf die vielleicht ein wenig schwülstige Botschaft „Ich bin kein Goethe, aber vielleicht der Dichter deines Herzens" sowie seine Handynummer, steckte ihn während des Abschiedstanzes der besagten Dame in die hintere Hosentasche ihrer engen Jeans, verabschiedete sich mit einem kurzen leidenschaftlichen Kuss und verließ das Lokal betrunken, erregt und glücklich. Ja, er fühlte sich in der Tat ein bisschen wie Johann Wolfgang von Goethe in seinen Sturm-und-Drang-Zeiten. Er war sich sicher, die Dame würde sich am nächsten Vormittag gleich melden, und dann könnte man die Magie des Moments in körperliche Zuneigung im Hotelzimmer umwandeln. Ein überaus reizvoller Gedanke. Und so hallten die berühmten Worte des Dichters in seinem liebes- und alkoholtrunkenen Ohr, als er den Tag alleine, doch nicht einsam in seinem Kurhotelbett zur Neige gehen ließ:

In unsers Busens Reine wogt ein Streben,
Sich einem Höhern, Reinern, Unbekannten
Aus Dankbarkeit freiwillig hinzugeben,
Enträtselnd sich den ewig Ungenannten;
Wir heißen's: fromm sein! – Solcher seligen Höhe
Fühl ich mich teilhaft, wenn ich vor ihr stehe.

Doch die junge Dame meldete sich nicht am Vormittag des nächsten Tages. Auch am Nachmittag nicht. Und abends ebenfalls: Fehlanzeige. Ja, die gesamte Woche – mittlerweile war Wilhelm wieder in seiner Heimatstadt zurück – starrte der aus seinen Casanova-Träumen Gerissene hilflos, manchmal zornig und frustriert auf sein Handy. Es klingelte manchmal, aber nie eine noch nicht gespeicherte Nummer. Doch der Gedanke an den magischen Abend ließ die Schlussfolgerung, dass die junge Dame aus Bayreuth einfach kein Interesse an ihm habe, nicht zu. Stattdessen grämte er sich in der verbitterten Vermutung, er habe im Wodkanebel einfach eine falsche Nummer auf den Zettel geschrieben. Immer und immer wieder ging er den Moment der Niederschrift durch, konzentrierte sich immer stärker, sodass es schon wehtat, wollte unbedingt herausfinden, ob er die richtige Zahlenreihenfolge aufgeschrieben hatte. Und je mehr er darüber nachdachte, desto stärker deuchte es ihm: die falsche Nummer! Die Hoffnung auf eine Romanze, ja vielleicht Liebe, zunichte gemacht durch eine Zahl, die an irgendeiner falschen Stelle auf einem schmuddeligen Bestellblockzettel hingekritzelt wurde. Die Hoffnung auf trauter Zweisamkeit – dahin! Wegen einer lächerlichen Zahl, einer nicht korrekten Zahlenreihenfolge. Wilhelm wurde unruhig, verfluchte sich und sein Handy, verfluchte das Schicksal, suchte nach Lösungen, nach Möglichkeiten, diesen ungünstigen Schicksalsschlag doch noch auszumerzen. Er irrte rastlos durch die Gassen von Bayreuth, gaffte jeder blonden Mittzwanzigerin hinterher, in der Hoffnung, es würde sich doch noch ein glückliches, ein alternatives Ende ergeben, ein anti-wertherischer Glücksmoment. Wiederum: Fehlanzeige. Viele Blondinen, viel Alkohol, aber niemals die Dame, deren Herz er dichterisch gewonnen zu haben glaubte. Es fraß ihn auf, ließ ihn an einem gerechten Schicksal zweifeln, füllte ihn mit sinnlosen Fragen über Liebe,

Leidenschaft und Leben. Er fühlte sich in das unbarmherzige Mittelalter zurückversetzt, er gebar sich wie Lanzelot, nein eher noch wie Lohengrin, das Opfer eines unbarmherzigen Schicksals, das stärker ist als die hohe Minne.

Nach einigen Wochen oder Monaten, er hatte die Hoffnung schon aufgegeben, sah er seine Marienbader Bekanntschaft tatsächlich am Tresen eines Innenstadtlokales sitzen. Allerdings diesmal in Begleitung eines jungen Mannes. Ein schlechtes Omen, aber es könnte ja nur ein Arbeitskollege sein. Also raffte unser Bayreuther Werther seinen Mut auf, begrüßte die Dame mit einer zögerlichen Umarmung und sogleich strömte ein Schwall aus Entschuldigungen, Beteuerungen, Verbitterung und Sehnsucht aus seinem liebestollen Mund. Es tue ihm so leid, dass er die falsche Nummer aufgeschrieben hatte, er habe sie gesucht, überall, habe von ihr geträumt, habe wochenlang auf diesen Abend gewartet, wo er diese ungnädige Schicksalsfügung wieder zurechtbiegen würde können, und hier sei er nun. Die junge Dame, zuerst lächelnd, dann verdutzt, schlussendlich kopfschüttelnd, zeigte sich zwar gerührt von seinen Beteuerungen, gestand aber, den Zettel mit der Nummer nach dem lustigen Abend nie mehr angerührt zu haben, denn lustige Abende müsse man als solche akzeptieren und abhaken und sie habe danach kein Bedürfnis mehr gehabt, eine flüchtige Bekanntschaft in ausgenüchtertem Zustande noch einmal zu kontaktieren. Das müsse der junge Herr doch verstehen. Im Übrigen sei dies gerade ein Date, also der Zeitpunkt für Vergangenheitsbewältigung ein wenig ungünstig. Es täte ihr leid, aber der junge Herr sollte vielleicht mehr im Jetzt leben und weniger in alten Minnesängen – dem Augenblicke ins Auge schauen.

Mich treibt umher ein unbezwinglich Sehnen,
Da bleibt kein Rat als grenzenlose Tränen.
So quellt denn fort und fließet unaufhaltsam,
Doch nie geläng's, die inn're Glut zu dämpfen!
Schon rast's und reißt in meiner Brust gewaltsam,
Wo Tod und Leben grausend sich bekämpfen.

Und so schließt diese Geschichte, die mit einem leidenschaftlichen Abend begonnen und mit einem leidenden Märchenprinzen, der vielleicht ein bisschen zu aggressiv mit dem Vorschlaghammer in die Realität zurückgeschlagen wurde, ihr tragisches Ende gefunden hat. Und ob Wilhelm an jenem vermeintlich magischen Abend tatsächlich die falsche Nummer auf den Zettel geschmiert hatte, das bleibt die große Leerstelle.

Er musste noch einmal an den Beginn seines Marienbader Wochenendes denken, an diesen vielversprechenden Anfang, als er am Goethe-Denkmal gestanden und dessen Elegie gelesen hatte. Auch Goethes Verliebtheit war letztendlich ein tragisches Ende widerfahren, und auf einmal musste Wilhelm schmunzeln: Ja, es tut weh, eine erhoffte Liebe nicht erwidert zu bekommen. Aber es bedeutete gleichsam, dass er grundsätzlich bereit war für eine neue Liebe, dass er sein Herz wieder öffnen konnte, dass er seine Trennung, an der er so gelitten und weswegen er überhaupt nach Marienbad gekommen war, überwunden hatte. Und diese Erkenntnis, ausgelöst durch einen nie erfolgten Telefonanruf und der Lektüre dieser so wundervollen Elegie aus der Hand des Meisterpoeten, verschaffte ihm zarte Linderung, neue Hoffnung, und die Gewissheit, dass er sich alsbald wieder verlieben würde. Immerhin war er ja nur halb so alt wie Goethe, als jener diese unsterblichen Zeilen niederschrieb.

Johann Wolfgang von Goethe
* 28. 8. 1749 in Frankfurt a. M.
† 22. 3. 1832 in Weimar

Der aus einer angesehenen bürgerlichen Familie stammende Johann Wolfgang von Goethe ist nicht nur der bedeutendste deutsche Dichter aller Zeiten, sondern auch der vielfältigste. Er ist bekannt für seine lyrische Dichtung, seine Dramen (zum Beispiel *Götz von Berlichingen*, 1773; *Iphigenie auf Tauris*, 1787), Reiseberichte, autobiografischen (*Dichtung und Wahrheit*, 1831) sowie naturhistorischen Schriften. Er war ein enger Freund von Alexander von Humboldt. Bekanntheit erlangte er in jungen Jahren zunächst mit seinem Briefroman *Die Leiden des jungen Werther* (1774). Goethe war ursprünglich ein Stürmer und Dränger, der sich für so ziemlich alle Wissensdisziplinen interessierte: Philosophie, Theologie, Kunst und Naturwissenschaft. Gepaart mit dichterischem Genie ergibt das ein einzigartiges Gesamtwerk, dessen Bedeutung und Einfluss (mit Ausnahme von Homer und Shakespeare) zumindest in Europa bis dato mehr oder weniger unerreicht ist. 1782 wurde er in den Adelsstand erhoben, kurz danach reiste er aufgrund einer Schaffenskrise nach Italien (1786–1788), erlebte dort nach eigenen Worten eine „Wiedergeburt", übernahm nach seiner Rückkehr das Weimarer Hoftheater und begründete zusammen mit Friedrich Schiller die literarische Epoche der „Weimarer Klassik". Der Zenit seiner Dichtkunst ist wohl der *Faust*, an dem er über 30 Jahre lang arbeitete – es ist zugleich das meistzitierte Werk der deutschen Literaturgeschichte. Über Goethe und die Frauen gäbe es viel zu erzählen, dafür ist hier aber leider kein Platz. Die obige Geschichte erwähnt seine letzte Liebe, eine sehr unglückliche, die uns allerdings die *Marienbader Elegie* (1823), eines der schönsten Gedichte aller Zeiten – für Stefan Zweig gar eine „Sternstunde der Menschheit" – geschenkt hat.

Sky Lounge

Emily Brontë und Sturmhöhe

> *My love for Heathcliff resembles the eternal rocks beneath: a source of little visible delight, but necessary. Nelly, I am Heathcliff! He's always, always in my mind: not as a pleasure, any more than I am always a pleasure to myself, but as my own being.*
>
> Catherine über ihre Liebe zu Heathcliff
> in Emily Brontës *Wuthering Heights*

Es ist einer der schönsten Beweise für die unbändige Kraft der Fantasie, dass Anfang des 19. Jahrhunderts drei Pastorentöchter, die mit ihrem Vater auf dem abgeschiedenen Hochmoor in Yorkshire lebten und dort aus Langeweile ob ihres öden Leben zu schreiben begannen, uns einige der schönsten und wortgewaltigsten Geschichten und Gedichte der englischen Sprache geschenkt haben. Die Rede ist von den Brontë-Schwestern, die sich das Schreiben allerdings immer auch als Ventil für den frühen Tod ihrer Mutter zunutze machten. Der radikalste Roman jener Epoche, eine Erzählung voller elementarer Wucht, voll unbändiger Liebe, Tobsucht, Zerstörung, Leid und erbarmungsloser Rache, deren Protagonist noch heute entweder als ultimativer romantischer Held oder dämonenartiges Monster polarisiert, stammt aus der Feder einer dieser Schwestern, einer jungen Dame, welche jene romantische Liebe, die sie so feurig beschreibt, nie erfahren, sondern nur erlesen hatte, welche in ihrem kurzen Leben niemals mit einem Mann intim wurde. Das ist der Stoff, aus dem große Genies geschnitzt sind, das ist der Sieg der Imagination über das echte Leben. Die Autorin, die leider viel zu früh an Tuberkulose verstarb, heißt Emily Brontë, und der düstere Roman, der wie eine Naturgewalt über das viktorianische England fegte, heißt *Wuthering Heights*, auf Deutsch *Sturmhöhe*.

Unsere Geschichte beginnt im Quartier Européen, im Europaviertel in Brüssel. Anna hatte dort seit einem Jahr eine Stelle als Verwaltungsjuristin in der Direktion für Gesundheit und Lebensmittelsicherheit und seit etwa acht Monaten einen Freund eine Etage tiefer, in der Direktion für Mobilität und Verkehr. Hendrik stammte aus dem schwedischen Malmö, ein athletischer Typ mit blondem Haar und unwiderstehlichen blauen Augen. Er liebte Fußball und Fitness, und trug zumeist dunkelblaue Anzüge mit Poloshirt. Anna war dem nordischen Sunnyboy in der Cafeteria anfangs manchmal über den Weg gelaufen, dann einmal in der Innenstadt bei der Craft-Beer-Verkostung begegnet, wo man plauderte, kostete, lächelte, sich allmählich die Haare streichelte und so weiter. Das ist acht Monate her. Sie trafen sich meist zweimal in der Woche, einmal bei ihr und einmal bei ihm, kochten zusammen oder ließen sich etwas Köstliches liefern, schauten Netflix, machten Liebe und fuhren am nächsten Morgen gemeinsam in den Bürokomplex der europäischen Kommission. Kein einziger Streit, keine fliegenden Tassen und Teller, ja nicht einmal eine Diskussion, welche Serie man vor dem Zubettgehen schauen sollte. Eine moderne und harmonische Beziehung. Jedoch, und hier kommt die Literatur ins Spiel, fing Anna, die vor dem Schlafengehen auch gerne Romane las, ein wenig zu zweifeln an, ob diese fast erdrückende Harmonie, diese völlige Abwesenheit von Streit, diese fast kühle Absenz von Feuer und Leidenschaft, von Eifersucht und Tobsucht des Herzens, nicht Anzeichen dafür waren, dass der

Beziehung ein wenig von der Grundzutat fehlte: dem Herzblut der romantischen Liebe. Sie war nicht unglücklich, im Gegenteil, sie genoss ihr Leben in Brüssel, ihren Job, ihre Freizeit, die Abende mit ihrem schwedischen Schönling, der so zartfühlig und verständnisvoll war. Jedoch – und zumeist dann, wenn sie Romane in der Art von *Lady Chatterly's Lover* oder *Madame Bovary* las – befiel sie eine Sehnsucht, eine sonderbare Form von Neid, dass ihrer Beziehung dieses Feuer der Leidenschaft und der dunklen Begierde, dessen Flammen zwar verbrennen, aber eben auch das Herz zum Schmelzen bringen, fehlte.

Um jene vermisste Leidenschaft ein wenig zu entflammen, buchte Anna ein romantisches Thermenwochenende in Bad Ischl im Salzkammergut, wo sich einst der Kaiser selbst der Sommerfrische und dem Liebestreiben hingab, obschon nicht immer mit seiner eigenen Frau. Und ihr Freund Hendrik, dem sie von ihren Zweifeln nichts erzählte, freute sich, endlich die Heimat seiner Herzensdame kennenzulernen. Das neu renovierte Thermenhotel bot alle Annehmlichkeiten, die man sich wünschen konnte: großzügige Zimmer mit Himmelbetten und Aussicht auf die Katrin, den zauberhaften Hausberg der Gemeinde, eine mit Bier und Gin wohlbefüllte Minibar, und schließlich eine Sky Lounge mit Whirlpool am Dach sowie einen aus Zirbenholz gefertigten Ruheraum mit Kaminfeuer und Bibliothek, ebenfalls in der obersten Etage. Und in jener Bibliothek fand sie, nachdem sie mehrere Saunagänge hinter sich hatten und man ihnen dort eine Tasse Tee servierte, eine alte, schön gebundene, oftmals gelesene Ausgabe von *Sturmhöhe* mit vergilbten Seiten: jenen Roman, den sie als junge Studentin schon einmal gelesen hatte. Sie erinnerte sich dunkel an die Hauptfiguren, an deren erbarmungslose Liebe füreinander, an die

Dunkelheit und das Verderben, die sie brachte, aber auch an das glühende Feuer der Leidenschaft.

Darum geht es also in diesem Roman: Das junge Findelkind Heathcliff wird in der Familie Earnshaw großgezogen, sein Stiefbruder Hindley schikaniert und demütigt ihn unentwegt, während ihn mit seiner Stiefschwester Catherine eine Seelenverwandtschaft verbindet. Diese heiratet aber dennoch den wohlhabenden Edgar, Gutsherr von Thrushcross Grange, um der desolaten Einöde auf Wuthering Heights zu entfliehen. Heathcliff flieht gedemütigt und gebrochenen Herzens, nur um Jahre danach, wohlhabend und voller Liebespein, zwecks eines Rachefeldzuges zurückzukehren. Er bringt das Landgut in seinen Besitz und stürzt alle seine Bewohner in tiefes und tödliches Unglück, inklusive der so geliebten Catherine. Die restliche Welt ist völlig ausgeblendet, im Hochmoor von Wuthering Heights regiert allein die Naturgewalt einst verschmähter Liebe, die letztendlich alles dem Erdboden gleichmacht, was ihr im Wege stehen könnte.

Heathcliff ist für viele Leser*innen der ultimative romantische Held. Ein unbezähmbarer byronischer Archetyp voll brodelnder Leidenschaft, der dennoch sein ganzes Herz einer einzigen Frau schenkt, die ihm allerdings in einem unbedachten Moment, in dem sie ihre Heirat mit Edgar rational begründet und dabei belauscht wird, dieses Herz erbarmungslos entreißt. Heathcliffs Liebe ist so komplett, so vollkommen süchtig machend, er liebt mit solcher Wucht, dass die Tobsucht seiner Liebespein alle Menschen um ihn herum in den Abgrund zieht. Die Zerstörungskraft ewiger Liebe – das unerklärlichste und zugleich poetischste Oxymoron der Welt.

Es war dunkel geworden im Kurort Bad Ischl, Anna und Hendrik hatten sich mittlerweile gut entspannt. Hendrik gönnte sich einen Gin Tonic in ihrer Suite, während Anna in der Sky Lounge vor dem Kamin saß und *Wuthering Heights* las. Das Buch hatte sie, nachdem sie es vorgestern in der Hotelbibliothek eigentlich nur kurz anlesen wollte, völlig in den Bann gezogen, schon während des Tages hatte sie beinahe unentwegt darin gelesen, unterbrochen nur durch zwei Saunagänge, Kaffee und Kuchen und ein kurzes vormittägliches Liebesspiel. Was findet sie an dieser düsteren Geschichte, manche sprechen gar von Schauerroman, so faszinierend? Nun, Anna hat diese Art von urgewaltiger romantischer Liebe nie erlebt. Sie ist eine selbstbewusste Frau, die hart arbeitet, gutes Geld verdient, gerne in das Fitnessstudio geht und einen Freund hat, der genau dasselbe Leben führt. Die beiden streiten nie, dafür bietet ihr Lebensstil keine Zeit; die beiden Abende und Nächte jede Woche, die sie gemeinsam verbringen, wollen sinnvoll genutzt sein. Oder ist der Grund ein anderer? Ist die Beziehung so oberflächlich, so frei von der Glut der Leidenschaft, dass sie keine Reibungsfläche für Streit bietet? Keine brennende Begierde, sondern lauwarm, so wie englisches Bier? Anna reflektiert: „Wir haben guten Sex und dieselben Vorlieben für Serien und Kulinarik, aber sonst auch noch etwas?" Sie ist sich nicht ganz sicher, zumindest in diesem Moment nicht. Wie wäre es, diese glühende Hingabe einer Liebe à la Heathcliff zu spüren, diese ewige Verbundenheit, diese Naturgewalt von Liebe, die alles um sie herum zerstört? Möchte man so etwas überhaupt? Kann man so eine Art von Liebe tatsächlich begehren? Vielleicht nicht, aber zumindest Rosen und Kerzen und ab und zu ein Streit mit fliegenden Tassen, der mit Leidenschaft im Schlafzimmer endet. Gehört so etwas zu einer Liebesgeschichte nicht einfach dazu?

Catherine sagt als junges Mädchen einmal zu Nelly Dean, ihrem Kindermädchen: „Ich bin Heathcliff". Zwischen ihr und Heathcliff, das ist das so Fesselnde an diesem Roman, besteht ein unzerstörbares Band, eine Liebe, die allem zu trotzen scheint, dem frugalen Leben am Gutshof, der Unterdrückung durch Hindley, der Gnadenlosigkeit des Schicksals. Durch ihre Heirat mit Edgar zerreißt Catherine allerdings dieses Band und löst eine Naturgewalt aus, welche Verderben, Trauer und Tod bringt. „Kann man so eine Liebe wirklich wollen?", fragt sich Anna. Kann man sich so einen Seelenverwandten wirklich wünschen? Soll man solche Herzensqualen erfahren, nur um von Liebe sprechen zu dürfen? Nein, kann man nicht, entscheidet Anna in einem Moment der Klarheit. Als Teenager findet man diese kompromisslose Hingabe an eine Person vielleicht unendlich romantisch, doch als selbstbewusste erwachsene Frau doch nicht! Sie hatte eine Lesepause eingelegt und ließ sich als einzige verbliebene Person im Whirlpool der Dachterrasse treiben. Ihr Freund, ihr so verständnisvoller Freund Hendrik, lag schon im Bett und wartete sehnsüchtig auf erotische Abenteuer. Würde sie es wirklich wollen, dass er tobsüchtig in Heathcliff-Manier hier erscheint, womöglich andere Gäste beflegelt, sie mit brennender Begierde aus dem Wellnessbereich holt, nur um sie ganz für sich alleine zu haben? Nein, das kann man nicht wollen! Sie trocknete sich ab, stellte den Roman, den sie in den letzten beiden Tagen immerhin zu drei Vierteln ausgelesen hatte, in das Buchregal zurück, fuhr kurz in die Hotelrezeption, um sich nach einigen Überredungskünsten zwei Kerzen zu besorgen, holte eine Flasche Sekt und getrocknete Erdbeeren aus dem Hotelrestaurant und begab sich in ihr Zimmer, wo der schwedische Sunnyboy, den das Lesefieber seiner Freundin doch ein bisschen irritiert hatte, auf sie wartete, sie nach allen Regeln der Kunst zu verwöhnen trachtete. Und nun hatte sie eben ein paar Accessoires aufgelesen, um das Feuer ein klein wenig mehr zu entfachen.

So hat also ein Meisterwerk der britischen Erzählkunst dazu beigetragen, eine europäische Liebesbeziehung zu retten, einer jungen Juristin Klarheit zu verschaffen und die nordisch kühle, jedoch zarte Art ihres Freundes, Gefühle zu zeigen, richtig zu deuten. Während Anna die Hotelstufen hinaufschritt, dachte sie noch einmal an den Roman: „*Wuthering Heights* ist ein Feuerwerk der Leidenschaft und Zerstörung. Im echten Leben kann man eine solche Liebe doch nicht ernsthaft begehren. Und außerdem ist das Buch ja gar keine echte Liebesgeschichte. Oder doch?"

Emily Brontë
* 30. 7. 1818 in Thornton
† 19. 12. 1848 in Haworth, beides in Yorkshire

Wie schon ihren Schwestern war auch Emily Brontë großes literarisches Talent in die Wiege gelegt worden. Mitte der 1820er-Jahre begann sie ihre blühende Fantasie mit ersten literarischen Gehversuchen zu verarbeiten. So sollte das abgeschiedene Hochmoor in Yorkshire, wo sie mit ihrem Vater lebten, für die drei Schwestern Charlotte, Emily und Ann sowie ihren Bruder Branwell der Olymp der Imagination werden, auf dem sie ferne fiktive Länder wie Gondal und Gaaldine erschufen, wo ihre Geschichten spielten. Alle drei Schwestern schrieben bedeutende Romane (Charlotte *Jane Eyre* und Anne *Agnes Grey*) und alle drei unter Männerpseudonymen (Ellis, Acton und Currer Bell), die sie ihr ganzes Leben behielten.
Emily veröffentlichte 1847 ihren einzigen Roman *Wuthering Heights* (dt.: *Sturmhöhe*), dessen tragischer Protagonist und unkonventionellen Moralvorstellungen die viktorianische Gesellschaft empörten. Der

Roman gilt heute als Klassiker der britischen Erzählkunst, wiewohl Kritiker*innen das Buch immer noch irgendwo zwischen Meisterwerk und kuriosem Schauerroman ansiedeln. Faktum ist, dass er niemanden kalt lässt, und das ist für jedes literarische Werk ein Ritterschlag. Emily Brontë verstarb nur ein Jahr nach der Veröffentlichung und sollte – so wie Melville und Stoker mit ihren Bestsellern – seine Popularität aber auch damit einhergehende Kontroversen nicht mehr miterleben.

Thai in Vindobona

Thomas Mann und Der Tod in Venedig

Und dann sprach er das Feinste aus, der verschlagene Hofmacher: dies, dass der Liebende göttlicher sei als der Geliebte, weil in jenem Gott sei, nicht aber im anderen – diesen zärtlichsten, spöttischsten Gedanken vielleicht, der jemals gedacht ward und dem alle Schalkheit und heimlichste Wollust der Sehnsucht entspringt.

Thomas Mann, *Der Tod in Venedig*

Thomas Mann zu lesen ist der Zenit des Liebhabers eleganter Prosa, über Thomas Mann – ja, im Stile Thomas Manns – zu schreiben ein beinahe törichtes Unterfangen. Die Banalität der eigenen Prosa wird üblicherweise ein wenig zu schmerzhaft offensichtlich, wenn die gravitätischen Worte des wohl größten Erzählers deutscher Zunge im Hinterkopf sind. Ich will es dennoch versuchen, denn ohne Thomas Mann hätte sich folgende Geschichte nicht so zugetragen, hätte ich die poetische Kraft und Vollkommenheit folgender Episode in meinem Leben nicht zu deuten gewusst. Ich hätte das Ganze als Dilemma verteufelt, als missratene Liebelei alsbald aus meinem Gedächtnis zu löschen versucht. Nun aber ist mir ihre ästhetische Wirkung und die Bedeutung des erhabenen Gefühls der Sehnsucht bewusst. Und dass sich die besten Geschichten und Erzählungen nicht mit glücklichen romantischen Enden beschließen, sondern mit poetischen. Die Versuchung, den Stil von Thomas Mann nachzuahmen, ist riesig, doch es ist zwecklos. Ich bin dazu nicht in der

Lage. Ich will die folgende Episode also in meiner eigenen Sprache wiedergeben.

Aber der Reihe nach. Ich möchte an den *Tod in Venedig* erinnern, diese Geschichte ist die Blaupause der meinigen: Der alternde geadelte Schriftsteller Gustav von Aschenbach, ein Mann der Disziplin und Vernunft und keiner der großen Empfindungen, trifft in Venedig den engelsgleichen Knaben Tadzio, dessen betörende Schönheit ihn an „griechische Bildwerke aus edelster Zeit" erinnert, und in ihm endlich Sehnsucht und Sinnlichkeit wecken.

In den Worten des großen Romanciers ist die Kunst selbst ja nichts anderes als ein erhöhtes Leben: „Sie beglückt tiefer, sie verzehrt rascher". Meine Glücksgefühle waren zu jener Zeit, in der sich diese Episode zugetragen hat, eigentlich unerhört „tief", um dasselbe Wort zu bemühen. Ich hatte nicht nur eine Stelle als Lektor an einer Pädagogischen Hochschule in Wien angetreten und eine stilvolle Dachgeschoß-Wohnung im siebten Bezirk bezogen, sondern pflegte auch freundschaftliche bis zärtliche Begegnungen mit einer jungen Frau. Sie war eine Thailänderin mit umwerfendem Lächeln, Charme, Humor und solch sehnsüchtigem Blick, dass ich jedes Mal, wenn ich diesen länger erwiderte, in einen derartigen Rausch der Sehnsucht einzutauchen schien, dass die Welt und das Sein regelrecht zu einer Einheit, zu Samadhi, verschmolzen.

Ich hatte mir nach meinem Umzug nach Wien-Neubau angewöhnt, das Thai-Lokal, in dem Sunee arbeitete und wo sich unsere Wege üblicherweise kreuzten, einmal in der Woche mittags zu besuchen, manchmal auch freitagabends, wobei ich dann bisweilen ein wenig länger blieb, mit ihr plauderte, flirtete, mit dem Eigentümer und Küchenchef des Lokals, ebenso Thailänder, ebenfalls gut ins Gespräch kam und mitunter eine schnelle Partie Schach spielte. Mit den anderen Kellnerinnen schwatzte ich über Wochenendpläne, kurzum: Ich war in kurzer Zeit so etwas wie ein Freund des Hauses geworden. Als dieser Freund wurde ich an einem Freitagabend im April eingeladen, zu trinken und – nachdem die letzten regulären Gäste das Lokal verlassen hatten und die Türe zugesperrt wurde – nach Herzenslust durch die Gaststube zu tanzen. Es war das offizielle thailändische Neujahrsfest. Ich trank, tanzte und fühlte mich berauscht vor Wein und Glück und spürte, dass Sunee ihr Glück mit dem meinen an diesem Abend verschmelzen wollte. Ich hatte mich bisher immer gewehrt, diesen einen, diesen letzten Schritt zu tun, aus Angst der Traum, die sinnliche Sehnsucht, die Projektion exotischer Sinnesfreuden würden mit ihrer Erfüllung einer gewissen Nüchternheit Platz machen, wie ein Aufwachen nach einem beschwingten Rausch, ein Ausnüchtern in der unästhetischen Realität. Diese Befürchtungen klingen wohl recht negativ, jedoch: Ist es nicht irgendwie immer so? Ist die Erwartung einer Nacht voller Liebe mit jemandem, den man wochenlang immer besser kennengelernt hat bis hin zur Klimax der ersten gemeinsamen Nacht, nicht unendlich schöner und hehrer in ihrer sehnsüchtigen Erwartung, als sie jemals in Wirklichkeit sein kann? Sind der Wandel der Jahreszeiten, das Aufwachen der Natur, die langsam länger werdenden Tage, nicht unendlich reizvoller und poetischer als der Zenit des Jahresverlaufs, die heißen Sommertage? Ist ein Urlaub, den man monatelang plant und vorbereitet, nicht in der Erwartung immer viel mehr eine Abenteuerreise, die mit dem Antritt ein bisschen ins Pauschale übergeht?

Ich hatte panische Angst, die Erfüllung der Sehnsucht würde das Poetische verdrängen und das Banale hervorbringen, jedoch an jenem Abend, an dem das thailändische Neujahr bereits ein paar Stunden alt war und Sunee mich mit ihren

Armen und ihrem Hüftschwung auf der Tanzfläche zwischen den Gasthaustischen führte, da war das Maß an Trunkenheit und Erregung ohnehin zu groß, als dass Gedanken über Poesie und Sehnsucht noch irgendein Korrektiv gewesen wären. Ich habe jedoch an jenem Abend nicht mit Sunee geschlafen. Diese Erwähnung ist keine moralische Rechtfertigung, aber wichtig für die zentrale Erkenntnis dieser Geschichte, die ich teilen möchte. Immerhin geht es auch um die Deutung von Thomas Mann.

Wie ging es also weiter? Ich bat die Dame, sich ein Wochenende frei zu nehmen, sodass ich ihr die schönen Seiten der Hauptstadt zeigen konnte. Südostasiaten haben für gewöhnlich ein derart ausgeprägtes Arbeitsethos, dass für solche Aktivitäten wenig bis keine Zeit blieb. Und auch ich muss gestehen, dass ich seit meinen Schülertagen nicht mehr in den Gärten Schönbrunns gewesen war. Nun also, wir beide mussten uns ungemein touristisch dabei ausgenommen haben, schlenderten wir bald vom Schloss zur Gloriette, legten dort ein Kaffeekränzchen ein, bald vom Museumsquartier zum Stephansplatz – dort ebenfalls mit Kaffeepause –, während ich die ganze Zeit mein Halbwissen und Anekdoten über Gebäude, Habsburger, die Wienerinnen und Wiener im Allgemeinen und die hiesige Kulinarik zum Besten gab. Schlussendlich legten wir uns auf der Donauinsel ins Gras, zählten die paar Wölkchen, lauschten dem ruhigen Rauschen des Stromes und streichelten einander die Hände. Bis Sunee sich ein wenig von mir wegdrehte, mit ihren Händen Grashalme zu zerreiben und zu sprechen begann. Ich spürte schon im Ansatz, dass es etwas Bedeutungsvolles war.

Sie sei sich sicher, dass uns beide eine Seelenverwandtschaft verband, eine Freundschaft und Wertschätzung, die in eine Liebe und Leidenschaft transformierte und die wir beide

– das spüre sie – nun auch körperlich konsumieren wollten. Die Vorstellung dessen treibe ihr zarte Schamesröte ins Gesicht. Doch sei dies ein gänzlich zuträgliches Gefühl. Warum also reden und nicht tun? Nun, sie habe keineswegs gute Erfahrungen mit Männern aus meinem Kulturraum, habe keine wirklich guten Erfahrungen mit Männern überhaupt, ja sie sei eine Zweiflerin, ob es einen Mann gäbe, der sie nicht alsbald ausnützen oder verlassen würde, und deshalb, ja ausschließlich deshalb, habe sie sich selbst eine Bedingung, eine conditio sine qua non, gesetzt: Sie würde mit einem Mann nur noch den Beischlaf, dies Zeichen der innigsten Verbundenheit, pflegen, wenn jener ihr die Treue und Hingabe beweisen würde und sie zur Frau nehme. Und sie sage das nicht einfach so dahin, nein, ja, sie wolle den Bund der Ehe mit niemand Geringerem als mir eingehen und danach und sooft es uns beiden beliebe unsere Verbundenheit mit körperlicher Hingabe genießen.

Sie sprach's, neigte mir ihren wie aus Mahagoni geschnitzten Nacken hin, warf keck die Haare über die linke Schulter und ersehnte sich in innigster Erwartung eine Reaktion, die Reaktion, eine Liebkosung ihres entblößten Nackens, um damit meine Bejahung ihres Wunsches zu erhalten, unseren Schwur zu besiegeln und hier und jetzt die ewige Treue zu schwören. Ein Moment voller zärtlicher Schönheit und auch voll zarter Melancholie.

Und nun endlich die Schlüsselstelle der venezianischen Erzählung: Gustav von Aschenbach trifft diesen so unendlich betörenden Jungen Tadzio eines Tages am Weg zum Strand, er wandelt liebestrunken hinter ihm her, der Junge dreht ihm seinen wohlgeformten Nacken hin, Aschenbach streckt schon die Hand aus, will sie ihm auf die Schulter legen, und zieht sie dann im letzten Moment zurück. Dies bereitet ihm freilich Scherzen, wer kennt das Gefühl nicht, die geballte Ekstase kurz vor der Erfüllung nicht zur Klimax kommen zu lassen? Jedoch würde das Brechen der ästhetischen Illusion, die Erfüllung der Sehnsucht, die Landung vom überhöht Poetischen in der unreinen, Decorum-befreiten Wirklichkeit noch viel größere, ja unendliche Qualen verursachen. Aschenbach hat Angst, dass der Junge sich umdrehen und womöglich etwas schrecklich Banales, ja Obszönes zu ihm sagen könnte. Er weiß, dass nur die Unnahbarkeit des Schönen seine Gefühle am Leben erhalten kann. Und diese Furcht lässt ihn innehalten. Ein spannender Gedanke: Liebe ist Sehnsucht. Und demnach die Erfüllung der Sehnsucht ein Auslöschen der Liebe. Sehnsucht ist Traumvorstellung. Und worum geht's im Leben? Die Träume am Leben zu erhalten!

Und so hat es sich nun an jenem Nachmittag auf der Donauinsel zugetragen. Ich konnte der so offenherzig und ehrlich Sprechenden diesen hehren Wunsch, trotz meiner starken Gefühle und meiner Sehnsucht, nicht erfüllen. Ich wusste, die Landung im Banalen, im Alltäglichen, in der Frugalität des einfachen irdischen Seins würde vielleicht nicht an jenem Tag, vielleicht nicht in den ersten Wochen, aber doch irgendwann erbarmungslos auf uns hereinbrechen. Nun sei dies wohl nichts Verwerfliches, möge man einwenden. Natürlich nicht! Jedoch bin ich ein Mensch mit einem hohen Maß an Empfindsamkeit und auch das, was meine Freunde und Bekannte mit Schmunzeln gerne einen Traumtänzer nennen. Ich glaube, oder rede es mir zumindest ein, dass die Liebe, die Idealvorstellungen der Sehnsucht, eine Triebkraft zu einer höheren, poetischeren Stufe des Seins sein kann, sein muss. Entkoppelt vom individuell irdischen Glück, ein Katapult in eine höhere Sinnesebene, wo das Ich und die Welt, Sein und Zeit, und der Link zum wahren, zum permanenten Samadhi vollzogen werden kann. Sie sehen, es ist für mich nicht immer einfach, ich zu sein.

Dieses Ziel und diese Gedanken – die zuerst Thomas Mann und dann meine thailändische Freundin in mir entfacht hatten – teilte ich letzterer mit, streichelte dabei ihr Haar, küsste ihre Schulter und versicherte, dass ich stets und immerzu ihr Freund und Seelenverwandter bleiben würde, jedoch die Hingabe als Ehemann aufgrund der genannten Überlegungen nicht bieten kann. Und nun die nächste und letzte Epiphanie dieser Geschichte: Die Dame verstand! Sie lächelte, fuhr mir durch die Haare, lächelte noch mehr, und verstand. Die Leichtigkeit des Seins, die Schwebe zwischen Sein und Zeit, die erhabene Gelassenheit und edle Anmut, dies ist etwas, was so viele Menschen aus Südostasien auszeichnet. Und dies meinte ich anfangs mit dem poetischen Ende: Wie oft passiert es, dass eine zarte Thailänderin jene Erkenntnis auslöst, die einen den größten deutschen Erzähler verstehen lässt?

Thomas Mann
* 6. 6. 1875 in Lübeck
† 12. 8. 1955 in Zürich

Geboren in eine wohlhabende Lübecker Kaufmann-Familie, begann Thomas Mann früh zu schreiben und bezeichnete sich schon als 14-Jähriger als „lyrisch-dramatischer Dichter". Diese Selbstinszenierung begleitete ihn sein ganzes Leben lang. Er sollte Recht behalten: 1898 veröffentlichte er einen Erzählband, drei Jahre später den großen Gesellschaftsroman *Buddenbrooks*, weitere große Werke folgten, darunter der vielleicht großartigste Roman, der je in deutscher Sprache geschrieben wurde: *Der Zauberberg* (1924), vom peruanischen Literaturnobelpreisträger Mario Vargas Llosa sogar als „totaler Roman" gepriesen. Thomas Mann war ein unvergleichlicher Stilist, gravitätisch, ausschweifend und wortgewaltig, dennoch mit großem Unterhaltungswert und glänzender Ironie. Er selbst verkündete einst, dass „höherer Spaß" das Ziel seines Schaffens sei. Der Gegensatz zwischen dem bürgerlichen Leben und dem Künstlertum, dessen unerhört hohe Empfindsamkeit mitunter auch eine gewisse Hingabe ans Unmoralische gebietet, dieses Topos liebte er am meisten, so etwa auch zelebriert in der Novelle *Tod in Venedig* (1911).

In den 1930er-Jahren emigrierte er zunächst nach Holland, dann in die USA, schließlich in die Schweiz. Überall sollte er selbstsicher verkünden: „Wo ich bin, da ist die deutsche Kultur." Sein Bruder Heinrich Mann sowie einige seiner Kinder waren ebenfalls Schriftsteller, jedoch gebührt ihm allein die Ehre, als Genie bezeichnet zu werden. Ein höchst selbstbewusstes, ja selbstgefälliges und sehr streitbares Genie, wie seine Zeitgenoss*innen gerne erzählten, der am Olymp der deutschen Erzählkunst nur einen einzigen Mann neben sich akzeptieren wollte: Johann Wolfgang von Goethe. Wir wagen es, dem „Zauberer", wie er einst von seinen Kindern genannt wurde, an dieser Stelle sanft zu widersprechen: Es gibt viele großartige deutschsprachige Erzähler*innen.

Das Dilemma des böhmischen Lebemannes

John Fowles und Die Geliebte des französischen Leutnants

You do not even think of your own past as quite real; you dress it up, you gild it or blacken it, censor it, tinker with it … fictionalize it, in a word, and put it away on a shelf – your book, your romanced autobiography. We are all in the flight from the real reality. That is the basic definition of Homo sapiens.

John Fowles, The French Lieutenant's Woman

Diese Geschichte spielt in einem Hotel am Fuße der Hohen Tatra: Karel, ein Geschäftsmann aus Prag, steigt aus der mit Minzeduft erfüllten Dampfkammer des Wellnessbereichs, sucht die riesige Schüssel mit Eis auf, welche die Bediensteten aufgestellt haben, damit sich Saunageher*innen nach dem Schwitzen abhärten können, krallt sich eine Handvoll Crushed Ice und löscht sein brennendes Herz. Ihm ist wohl klar, dass diese seiner unerträglich körperlosen Art von Schmerzen keine Linderung verschaffen könne. Jedoch gefällt ihm die symbolische Handlung irgendwie, die der Anfang vom Ende seines verstörenden Liebesleidens sein sollte.

Der kalte Nordwind ist der unbehaglichste Wind in der Hohen Tatra, ein Gebirgszug des westlichen Karpatenbogens an der slowakisch-polnischen Grenze. Er führt normalerweise dazu, dass Wandersleute auch im Sommer ihre Jacken, ja sogar Hauben aus dem Rucksack kramen müssen. Die Schönheit dieses Grenzgebirges gleicht jener so mancher slowakischer Frau, denkt sich Karel, die sich zwar ungleich zarter, aber – zumindest in seiner Welt – ähnlich unerbittlich zeigen konnte.

Was der Nordwind in den Karpaten, ist der Ostwind in Lyme Regis, einer Kleinstadt in der englischen Grafschaft Dorset, wo sich eine der bewegendsten literarischen Liebesgeschichten des 20. Jahrhunderts abspielt – sie stammt aus der Feder des größten Romanciers aus jener Gegend, John Fowles: *Die Geliebte des französischen Leutnants*. Der Titel der deutschen Übersetzung ist ein wenig schlampig, im Original heißt der Roman *The French Lieutenant's Woman*. Der Begriff „Frau" ist semantisch ja ungleich vielschichtiger, komplexer und bedeutungsvoller als der lediglich auf eine Liaison hindeutende Begriff „Geliebte". Frauen soll man lieben, nicht verstehen, um es angelehnt an Oscar Wild mit etwas Augenzwinkern zu sagen – und ein wenig Auflockerung muss in diesem Fall auch sein, denn diese Geschichte ist ohnehin von einer beklemmenden Grundtraurigkeit.

Karel steht im schwach rötlich schimmernden Ruheraum des Wellnessbereichs, betrachtet den roten Fleck auf seiner Brust, den das geschmolzene Eis darauf gestempelt hat, und denkt an den Roman von John Fowles: Charles Smithson, ein zukünftiger Sir im viktorianischen England, ist mit der jungen und hübschen, jedoch ein wenig langweilig und prüden Ernestina verlobt. Im besagten Lyme Regis trifft er auf die gesellschaftlich geächtete und rätselhafte Sarah, keine zart-biedere Schönheit wie Ernestina, sondern eine Frau, die betörende Leidenschaft ausstrahlt und in Charles eine unentdeckte Sehnsucht hervorbringt.

Nun trugen sich jene Ereignisse, welche die Reise des Prager Protagonisten Karel in die Tatra auslösten, zwar nicht im prüden viktorianischen England zu, sondern im kosmopoliten Prag. Jedoch – und hier die Parallele zum Meisterwerk von John Fowles – fand sich jener im gleichen Dreiecksschlamassel mit einer sanften, zartbesaiteten Böhmin und einer slowakischen Femme Fatale wieder. Die böhmische Blondine gedachte die Verlobte von Karel werden, sie zeigte sich hingebungsvoll, sie kochte vorzüglich, redete gern und lang über eine gemeinsame Zukunft und versuchte bisweilen, ihm auch im Schlafgemach seine Wünsche zu erfüllen. Nur leider war die Erotik nicht knisternder als jene in viktorianischen Ehebetten. Es fehlte die sexuelle Anziehung. Und Karel litt unsäglich darunter.

Hier kommt die sinnliche Slowakin ins Spiel. Betrachten wir dazu kurz die Anfangsszene des südenglischen Romans: Charles sieht Sarah mit verlorenem Blick über das Meer am Steg von Lyme Regis stehen. Als sie sich anschickt, auf das Land zurückzuschreiten, sieht sie ihn derart intensiv in die Augen, dass er, obwohl sich seine hübsche blonde Verlobte an ihn schmiegt, sogleich in den Bann dieser Ausgestoßenen gezogen wird. Und man kann seine Sterne nun mal nicht ändern.

Zurück nach Prag: Karel sah die Dame eines Tages auf der alten Eisenbahnbrücke, welche die Stadtteile Smíchov und Višehrad verbindet, stehen, mit enger Lederjacke und noch engeren Leggins und wallenden brünetten Locken auf die Moldau schauen, und erlaubte sich einen Scherz. Er rief ihr zu: „Springen Sie nicht, dazu ist das Leben doch viel zu schön!"
Die erhoffte Reaktion blieb nicht aus, sie drehte ihm ihren Kopf zu, ein markantes slawisches und gleichsam sehr sinnliches Gesicht, und fragte: „Woran denken Sie bei den schönen Dingen des Lebens?"

Den Rest dieses Dialoges, der wenig literarischen Wert hat, jedoch Karels Leben eine erotische-prickelnde Wendung verschaffte, sei der eigenen Imagination überlassen. Wichtiger: Die Geschichte nahm ihren unweigerlichen Lauf. Karel war wahrlich kein Gentleman, spielte doppeltes Spiel, spielte mit Herzen, war egoistisch, hedonistisch und segelte geradewegs mit vollem Tempo dem Tsunami entgegen. Man spürt es ja immer, wenn man mitten ins Verderben rast, doch irgendetwas, vielleicht ein archaisches Festhalten an der Triebhaftigkeit, die pure Lust am Untergang, der Kampf des Eros mit der stets unterlegenen Vernunft, lässt uns nicht innehalten, nicht zurückschalten, dem drohenden Unheil nicht Einhalt gebieten. Und während wir auf die Mauer zurasen, ist das gesteigerte Adrenalin unserem Lebensgefühl in hohem Maße zuträglich.

Karel ließ sich also von der Böhmin bekochen, während er regelmäßig nach der Arbeit mit der Slowakin in ihrer Wohnung Schäferstündchen hielt. Sie waren auf einer Wellenlänge, sodass diese Treffen eine Auszeit vom Alltag, ein Ausblick auf das vermeintliche Paradies waren. Jedenfalls dachte Karel währenddessen an nichts anderes, die restliche Welt war ausgeblendet.

Die Hoffnung auf jenen Zustand muss auch Charles durch den Kopf gegangen sein, während er, als er die treibende Sehnsucht nicht mehr länger abwehren konnte, im Zug nach Exeter im Südwesten Englands saß, um die betörende Sarah zum ersten Mal in einem Schlafgemach zu treffen. Nun ist der Vorteil von postmodernen Romanen aber jener, dass Autor*innen ihren Leser*innen mehrere Varianten einer Geschichte, mehrere Deutungsmöglichkeiten der Welt, mehrere Leerstellen im Verlauf einer Erzählung offerieren können, damit jene die für sich passendste Variante wählen. So sei es in diesem herrlichen Roman uns Leser*innen gestattet, in einem Kapitel den verzweifelten Protagonisten nicht in den Zug einsteigen zu lassen, sondern zu seiner Ernestina zu fahren, sie zu ehelichen, ein biederes, jedoch wohlhabendes Leben zu führen, und die vergeblich wartende Femme Fatale im schmuddeligen Hotelzimmer in Exeter alsbald aus den Gedanken zu vertreiben. Jedoch – und hier liegt eine gewisse Diskrepanz zwischen Literatur und dem echten Leben: So ein Ende können sich Leser*innen wohlgesponnener Geschichten nicht ernsthaft wünschen. Also lesen wir die Geschichte von John Fowles weiter, lassen Charles zu Sarah fahren, sich der Vereinigung hingeben, und ihn in weiterer Folge selber zu einem Geächteten werden, dessen Verlobung von der gehörnten edelmütigen Blondine hierauf aufgelöst wird.

Auch Karels dunklen Machenschaften wurde auf die Schliche gekommen, jedoch half er selber ein wenig nach, nachdem er sich – und das ist vielleicht seine poetische Rettung vor dem totalen Antagonismus – eingestehen musste, dass er mit ganzem Herzen in die Schäferstündchen-Slowakin verliebt war. Er beichtete es seiner böhmischen Fast-Verlobten und beschloss, der Frau seines Herzens beim nächsten Tête-à-Tête seine Liebe zu gestehen. Und er war trotz des so unehrenhaften Beendens seiner Beziehung eigentlich guten Mutes. Karel dachte, dass er vielleicht die Liebe seines Lebens gefunden hatte.
Nur zwei Stunden später schlich er wie ein geprügelter Hund aus der sündigen Wohnung, ähnlich wie seine Ex-Freundin zuvor aus seiner eigenen, nachdem er seine Gefühle unverblümt, offen, ehrlich und in möglichst poetischer Form offenbart hatte. Die Dame zeigte sich irritiert, ja mehr noch, es schien ihr unangenehm zu sein. Sie wandte sich von ihm ab, sagte, Gefühle seien dem Lustempfinden abträglich, bedauerte sein schwaches Herz, und entschied mit

aller Bestimmtheit, dass es besser sei, die regelmäßigen Treffen zu beenden. Kurz: Sie setzte ihn vor die Tür.

In der Hoffnung auf ein wenig Abstand vom selbst verursachten Super-GAU entfloh Karel dem bunten urbanen Treiben und fuhr in die Hohe Tatra, wo die heilsamen Kräfte der Natur seiner geschundenen physischen und psychischen Konstitution Linderung verschaffen sollten. So steht er also noch immer im Wellnessbereich, betritt abermals die nach Minze duftende Dampfkabine, atmet die heiße salzige Luft ein, und denkt noch einmal an die *Geliebte des Französischen Leutnants*.

John Fowles bietet mehrere mögliche Enden dieses Dreieckwirrwarrs an (eines davon umfasst die erwähnte Zugszene), zwei davon auf den letzten Seiten: zwei völlig unterschiedliche, die aber beide der Wirklichkeit entspringen könnten. Sie seien an dieser Stelle nun nicht verraten, es lohnt sich, in den großen Roman selber einzutauchen. Es stellt sich nur eine erkenntnistheoretische Frage: Wie wirklich ist die Wirklichkeit? Wenn wir als Leser*innen, obwohl das gedruckte Wort vor uns liegt, selber entscheiden dürfen, wie eine fiktive Geschichte endet, dann muss dies ja auch für eigene Geschichten, die das Leben so schreibt, gelten?! So müssen wir unseren eigenen Gedanken zugestehen, eine Episode in unserem Leben so zu denken, wie es uns am besten passt.

Karel sitzt nackt, alleine und schwitzend in einer dunklen Kabine in der slowakischen Bergwelt und alles, was er denkt, betrifft ausschließlich seine eigene Wirklichkeit. Er ist in die Tatra gefahren, weil er sich einsam, verstoßen und – da er seine böhmische Freundin so grob und ungeziert verstoßen hat – auch richtig mies fühlt. Er verspürte Zorn auf sich selbst und auf sein gnadenloses Schicksal, das ihm kein

Glück vergönnen mag. Nun ist es also Zeit, eine zweite Version dieser Geschichte zu schreiben: Er hat seiner böhmischen Freundin endlich reinen Wein eingeschenkt und sich selbst vor einer Beziehung, die ihn nicht mehr erfüllt hat, befreit. Ja, es war schmerzhaft und grob, doch es musste getan werden. Zweitens: Er hat von seiner slowakischen Geliebten reinen Wein eingeschenkt bekommen. Er hat gelernt, dass erotische Affären im Allgemeinen wenig mit Liebe zu tun haben und dass seine Gefühle völlig fehl am Platz, ja pubertär in diesem Kontext waren. Sie hat ihm die Augen geöffnet. Karel steigt aus der Dampfkammer, krallt sich abermals eine Handvoll Crushed Ice, verreibt es diesmal aber gleichmäßig auf seinem Körper, schreitet einmal durch die Kneippbecken, steigt kurz in die kalte Nacht auf den Balkon – die Sterne sind hell und die Silhouette der Berge deutet sich an – und hofft, nein, ist sich sicher, dass diese zweite Version seiner Prager Dreiecksepisode in seiner eigenen gedanklichen Geschichtsschreibung vorherrschen wird. Und er spürt, wie diese Gedanken seinem Herzen Linderung verschaffen. Irgendetwas Nützliches muss uns die Postmoderne ja hinterlassen haben.

John Fowles
* 31. 3. 1926 in Leigh-on-Sea, Essex
† 5. 11. 2005 in Lyme Regis, Dorset

Der einst in Oxford studierende und hierauf in Frankreich und Griechenland dozierende Literat ist einer der bedeutendsten Romanciers der Postmoderne. Vor allem sein Roman *The French Lieutenant's Woman*

(1969), eine viktorianische Liebesgeschichte, in der Fowles stets die ästhetische Illusion bricht und sich als Autor selbst zur Figur macht, ist in Universitätsseminaren als auch Buchhandlungen gleichermaßen beliebt. Nach dem großen internationalen Erfolg zog er sich ins kleine Lyme Regis zurück und lebte dort, abgesehen von seiner Kuratorentätigkeit für das Dorfmuseum, weitgehend als Privatmann. In der Tat, er verachtete Schriftsteller, die sich der Öffentlichkeit zu selbstgefällig präsentierten: „I have a great deal of contempt for writers who are vain, who want fame." Dass er selber trotzdem seine Tagebücher veröffentlichen ließ, unterstreicht wohl den inneren Konflikt dieses großen Denkers. Nach einem Schlaganfall 1988 schrieb er schließlich keine Romane mehr. Er verstarb 2005 an seiner schweren Herzerkrankung. Doch wie er uns selbst in *The Magus* (1965), in dem er seine Erfahrungen als Englischlehrer in Griechenland verarbeitet, mitteilte: „The dead live." – „How do they live?" – „By love."

Nicht über die Türschwelle!

Francesco Petrarca und seine Canzoniere, Andrew Marvell und seine Carpe-Diem-Gedichte

> *Es fand der Gott mich da ohn' alle Wehre,*
> *Den Weg zum Herzen durch die Augen offen,*
> *Durch die seitdem der Tränen Flut gezogen.*
> Francesco Petrarca, 3. Sonett, Canzoniere

Während seiner Studienzeit lernt man viele flüchtige Bekanntschaften, einige gute Freunde, manche Studienabbrecher*innen, aber auch die einen oder anderen zukünftigen akademischen Hochkaräter*innen kennen. Ein solcher war mein Freund James, der seit einigen Jahren an einer renommierten Universität in London englische Lyrik dozierte. Weil er seit seinem Auslandssemester in Salzburg vor nunmehr 15 Jahren in Österreich verliebt war, organisierte er immer wieder Lyrikwochen in Saalbach-Hinterglemm, wo er eine Gruppe britischer Literaturstudent*innen zum reizvollen Duett aus Skifahren und Lyrikworkshops nach Mitteleuropa entführte. Ich wurde aufgrund meiner Passion für die Dichtkunst von meinem ehemaligen Kommilitonen immer wieder als Referent eingeladen. Eine große Ehre zweifelsohne – und eine seltene Gelegenheit, meine Leidenschaft ein bisschen unter das Volk zu bringen.

Es war eine bunt zusammengewürfelte Gruppe, die eines gemein hatte: Sie schwärmte vom geschriebenen Wort, sie dürstete nach neuen Einsichten, sie lechzte nach den Worten der großen Barden. Ich hatte ein Skriptum zusammengestellt mit einigen Sonetten von William Shakespeare, von denen ich Nummer 116, in dem er versucht, die wahre Liebe zu deuten, besonders hervorhob. Es fanden sich aber auch die leidenden Ergüsse Philip Sidneys, ebenso Juwelen von Edmund Spenser sowie einige englische Übersetzungen der Sonette des wahrhaft ritterlichen Petrarca. Der italienische Dichterfürst war sicher nicht der erste Poet, dem sein magisches Schreibtalent geholfen hatte, seiner höllischen Liebespein Ausdruck zu verleihen, aber er tat dies sicher am mitunter explizitesten und empfindsamsten. Die reine und ewige Liebe ist ein Konzept und deshalb unerreichbar, dies hat uns dieser große Florentiner gelehrt. Und dieses Thema war es, worauf ich mich in meinem Workshop konzentrierte. Ich war in Hochform, füllte den Vortrag mit meinem Herzblut und die britischen Studiosi waren sichtlich ergriffen.

Petrarca prägt das Ideal der unerreichbaren Liebe, einer Liebe, die in ihrer Vollendung und poetischen Kraft auf eine idealisierte Person projiziert wird, in seinem Fall die himmlische Laura, aber nicht erwidert wird. Eine Liebe, die nur in der Dichtung und Gedankenwelt existiert, weil sie nicht real sein kann. Eine Liebe, die von allen gewünscht, aber von keinem erreicht wird. „Aber es ist wichtig, sich so ein Ideal zum Vorbild zu nehmen", referierte ich, „es ist wichtig, in diesen oberflächlichen Zeiten, wo Après-Ski-Bars Synonyme für freie Liebe und kurzweilige Nächte sind, zumindest eine Idealvorstellung zu haben; es ist wichtig, das Unmögliche anzustreben, um das Mögliche zu erreichen." Ich ließ mich hinreißen zu Ausschweifungen und zitierte den großen Emerson: „Lyrik und Liebe sind das, was uns am Leben erhält." Ich dozierte mich in einen kleinen ekstatischen

Rausch, leidenschaftlich und irgendwie erhaben. Die Sonette Petrarcas, Shakespeares und seiner Zeitgenossen verzauberten und erhellten. „Ein Sonett von Shakespeare enthüllt mehr Wahrheit, als ich Ihnen in drei Stunden verklickern kann", beendete ich meine Vorstellung. „Also gehen Sie raus und lesen Sie, lernen Sie, spüren Sie, empfinden Sie und lassen Sie es auf sich wirken – noch bevor Sie heute Abend in den Hexenstadl gehen und die geballten irdischen Triebe auf Sie prallen."

Und weil es der letzte Abend war, schlenderte auch ich gegen Mitternacht in diesen Tempel des gemeinen Volkes. Ich hatte noch eine Flasche Rotwein mit James getrunken, doch der Literaturprofessor zog die Nachtruhe dem Abfeiern vor. Es ging heiß zur Sache, schon beim Aufziehen der massiven Stadltür wehte eine Dampfwolke aus Schweiß, Schnaps und Erregung in die klirrende Nacht. Zwei meiner Workshop-Besucher krallten sich halbnackt an der Tanzstange in der Mitte der Bar fest, manch andere begrüßten mich mit einem Nicken oder Zuprosten, im Hintergrund wurde hollywoodreif geschmust und ich schlängelte mich an den einzig freien Platz am Tresen und winkte nach einem Bier. Eigentlich eine gute Stimmung, dachte ich, eigentlich genau das Richtige, wenn es draußen kalt ist und Freunde und Familie tausende Kilometer entfernt sind, eigentlich das, was mir ebenfalls vorschwebte, wäre ich zehn Jahre jünger und nicht einer der Referenten hier gewesen.

Sie war zweifelsohne noch im ersten Studienabschnitt, blonde Locken, verführerisches Lächeln, strahlende Augen. Innerhalb weniger Minuten hatte sie mich in einen träumerischen Bann gezogen, als sie sich neben mir an die Bar lehnte, ihre Hand meinem Oberarm streifte und in mein

Ohr flüsterte: „Ich habe Ihre Vorlesung heute sehr genossen. Sie hat mich fast zum Weinen gebracht. Sie haben so recht."
„Das passiert mir in letzter Zeit wahrlich zu oft, dass ich Frauen zum Weinen bringe", flüsterte ich zurück, „aber womit habe ich denn recht?"
„Liebe, Leidenschaft, Poesie. Dass die Wahrheit in Gedichten liegt, und dass die Liebe ein Ideal bleibt, etwas Unerreichbares."
„Ich hoffe, ich habe Ihren Traum nicht zerstört."
„Im Gegenteil, Sie haben mich zum Träumen gebracht. Sie sind sehr charmant, wissen Sie das?"
„Und Sie bringen mich in Verlegenheit, wissen Sie das?"

Und so weiter. Ein bisschen banal, ein wenig zu offensiv, ein wenig zu heuchlerisch, wenn man am selben Tag einen Workshop zur wahren Liebe abhält, denken die meisten jetzt. Zurecht! Aber Hand aufs Herz: Die Dame war schlicht und einfach bezaubernd, eine schlagfertige Gesprächspartnerin. Und sie machte den Eindruck, als wollte sie meine nachmittäglichen Theorien über Liebe und Leidenschaft bis ins kleinste Detail mit mir erörtern.

Was passierte mit mir? Hatte ich vor einigen Stunden nicht zu vermitteln versucht, dass die romantische Liebe eine viel hehre Emotion ist als nur Lust? Ich hatte bewusst – obwohl ich sie insgeheim bewundere – keine Gedichte der lebemännischen Kavalierpoeten in mein Skriptum aufgenommen, da mir deren Carpe-Diem-Zugang – im geflügelten Sinne versteht man darunter heute, im Gegensatz zur eigentlichen Intention Horaz', den Tag in vollen Zügen zu genießen – als ein wenig zu oberflächlich und als ein zu starker Kontrast zu meiner Auswahl erschien. Es ist faszinierend, wie uneins sich Meisterpoetinnen und Meisterpoeten vergangener Tage in dieser Frage sind: Die einen besingen das ultimative Liebesideal, auch wenn es letztlich unerreicht bleibt, die anderen genießen Momente voller Schönheit und Lust, denn das Leben sei schließlich kurz und die Schönheit vergänglich. Und in diesem Moment dachte ich nicht an Petrarca, sondern an ein Gedicht von Andrew Marvell, das dieses Sentiment herrlich zusammenfasst – mit dem augenzwinkernden Titel *To his coy mistress*, gerichtet sozusagen „an seine spröde Geliebte":

Now therefore, while the youthful hue
Sits on thy skin like morning dew,
And while thy willing soul transpires
At every pore with instant fires,
Now let us sport us while we may,
And now, like amorous birds of prey,
Rather at once our time devour
Than languish in his slow-chapped power.

Ich musste schmunzeln ob meiner poetischen Verwirrung und verfluchte gleichzeitig die Schwäche meines Körpers. Ich begehrte die junge Dame, aber gleichzeitig fand ich unser Gespräch so erfrischend tiefgründig, so ehrlich, auf intellektuelle Weise intim. Was also tun? Ich könnte die restliche Nacht damit verbringen, den Gegensatz zwischen Liebe und Lust zu diskutieren. Ich könnte Lindsey aber auch durch das Haar streifen, sie an mich ziehen und leidenschaftlich küssen. Und dabei würde ich den anwesenden Studiosi wohl eine unerwartete Showeinlage bieten.

Lindsey spürte meine Verwirrung, spürte ihre eigene Verwirrung, und machte genau das Richtige. Sie kramte in ihrer Handtasche und zog das zusammengefaltete Skriptum, das ich in meinen Workshops ausgeteilt hatte, hervor. Wir mussten beide lächeln. Da redeten wir den ganzen Tag über die wahre Liebe, über unsterbliche Zeilen, die Dichter mit ihrem Herzblut niedergeschrieben hatten, und waren kurz davor gewesen, all das nach einigen Bargetränken hinzuwerfen und körperlichen Trieben nachzugeben. Es war mir peinlich, aber ich konnte dennoch nicht leugnen, dass ich mich zu der jungen Dame hingezogen fühlte. Die Tatsache, dass sie mein Skriptum als wichtig genug erachtete, es in ihrer Handtasche bei sich zu tragen, ließ mein Herz nur noch höherschlagen. Doch es hat unsere Hitzewallungen wieder ein bisschen abgekühlt.

Nachdem wir noch ein wenig diskutiert hatten, schlenderten wir gemeinsam in die Unterkunft zurück und versprachen, in Kontakt zu bleiben und einander zu schreiben. Wir wollten unser leidenschaftliches Gespräch über Lyrik, über das Ideal der romantischen Liebe und über Petrarca, Shakespeare und wie sie alle hießen per E-Mail weiterführen. Und wer weiß, vielleicht – hoffentlich! – würden wir uns in naher Zukunft wiedersehen.

Ich umarmte sie vor ihrer Zimmertür, küsste sie kurz auf den Mund, ließ es mir nicht nehmen, ihr das Zitat „You kiss by the book" aus *Romeo and Juliet* ins Ohr zu flüstern, und wandelte den Gang entlang zu meinem eigenen Zimmer. Bevor ich die Tür aufsperrte, drehte ich mich noch einmal um. Lindsey stand vor ihrem Zimmer, hielt wieder das Skriptum in der Hand, winkte mir zu, lächelte, und verschwand dann über ihre Türschwelle. Wir hatten das Richtige getan, den Abend so beendet, wie es sich gehört. Freilich legten wir uns nun beide alleine ins Bett, doch ich spürte, dass diese Begegnung noch zu etwas sehr Schönem würde reifen können. Etwas, das Dichterinnen und Dichter seit Jahrhunderten in ihrer Lyrik besingen. Und einen schöneren Ausklang dieses

Abends, dieses Lyrikwochenendes, konnte ich mir eigentlich nicht wünschen.

Andrew Marvell
* 31. 3. 1621 in Winestead, Yorkshire
† 16. 8. 1678 in London

Der Absolvent des renommierten Trinity College in Cambridge war Politiker und Poet. Obwohl er sich im Rahmen ersterer Tätigkeit zuweilen ein wenig nach dem Wind drehte, hat man ihm, dem Dichter, seinen Hang zum Opportunismus nachgesehen: Wer so schöne Lyrik schreiben kann, dem verzeiht man alles.

Marvell war schriftstellerisch vielseitig, sein Werk reicht von Prosasatiren über politische Gedichte (zum Beispiel eine Ode an Cromwell: *A Horation Ode upon Cromwell's Return from Ireland*) bis hin zu seiner bekannten Liebeslyrik. Man zählt ihn zu den „metaphysischen Dichtern" („Metaphysical Poets"), ein eigentlich recht verwirrender Begriff, weil deren Liebeslyrik mithin das Gegenteil von Metaphysik beschreibt, nämlich das sinnliche körperliche Erlebnis der Liebe und somit den Gegensatz zum „petrarkischem Ideal". Andrew Marvells Lyrik offeriert die graue Erkenntnis, dass die Liebe, so wie ein Menschenleben, endlich und begrenzt ist. Die Zeit kann nicht angehalten werden, wir werden älter. Er war nicht hauptberuflich Poet, sondern stand zuallererst im Dienst der britischen Krone. Vielleicht ist das die Ursache für diesen unprätentiösen Zugang in seinen Gedichten.

Marvells bekanntestes Liebeslied ist *To his coy mistress* (1681), vielleicht das wirkungsmächtigste Carpe-Diem-Gedicht seiner Epoche. Er starb 1678 und war bis zu seinem Tod Abgeordneter des britischen Unterhauses.

Francesco Petrarca
* 20. 7. 1304 in Arezzo
† 20. 7. 1374 in Arquà bei Padua

Der Mitbegründer des Renaissance-Humanismus sollte ursprünglich Rechtswissenschaften studieren, brach seinen Werdegang an der Universität jedoch ab, verprasste das Vermögen seines Vaters und machte die wundersame Wandlung zum Kleriker durch. Dieses Schicksal – der Ruf zu Gott nach einem Leben des Hedonismus – teilt er mit seinem großen Vorbild, dem Heiligen Augustinus. 1327 traf er eine betörende Schönheit, die unter dem Namen Laura in seine *Canzoniere* einging: jener Sammlung von 366 Gedichten, die meisten davon Sonette, in der er seine unerfüllte Liebe zu jener Laura und dann im zweiten Teil deren Tod lamentiert. Jedoch, in seinen Versen erhebt sich diese Liebe in himmlische Sphären und wird unsterblich. Das Schreiben von Lyrik hilft den rasenden Schmerz ein wenig zu lindern – und im Klagelied holt er die Verflossene ins Leben zurück. Dies wurde zum Vorbild für die gesamte europäische Liebeslyrik und setzte Petrarca die Dichterkrone auf – er wurde 1341 in Rom auf dem Kapitol zum „poeta laureatus" ernannt. Der große Dichter und Humanist verstarb 1374 an seinem 70. Geburtstag.

Von der Wüste über die Wolken

Die Lyrik von Edgar Allan Poe

Never to suffer would never to have been blessed.

Edgar Allan Poe, *Mesmeric Revelation*

Diese Geschichte beginnt so, wie viele traurige Geschichten enden: mit einem hübschen, weinenden Mädchen. Schuld an ihren Tränen war Australien. Um in Down Under einzureisen, muss vorab online ein Visum beantragt werden. Die Airline darf andernfalls kein Ticket ausstellen. So stand das Mädchen, eigentlich eine junge Frau, nun ratlos am Check-in, Flughafen München, und heulte. Und Hannes stand mit einem gültigen Visum hinter ihr, weil er ebenfalls nach Australien reiste. Er gab seinen Koffer ab, nahm die hilflos Wirkende am Arm und bot seine Hilfe an. Der Liebhaber von Schauergeschichten musste dabei an Edgar Allen Poe denken: „Hat der nicht einst sinniert, dass das Poetischste auf der Welt ein hübsches, trauriges Mädchen sei? Wie recht er doch hatte!"

Die beiden gingen in eines der Flughafenrestaurants, bestellten zwei Weißbier, Hannes kramte sein Tablet aus der Tasche und beruhigte die Frau nebenbei mit einfühlsamen Worten. Noch eineinhalb Stunden bis zum Abflug – Zeit genug, um ein Visum zu beantragen. Er sollte recht behalten und so erreichten sie schließlich eine Minute, bevor das Gate schließen sollte, den Airbus, wo sie ihm um den Hals fiel und während des Fluges ihre rührende Geschichte erzählte.

Sie habe sich in einen Australier verliebt, den sie vor drei Monaten während eines Italienurlaubs kennengelernt hatte. Eine große Reise hatte ihn quer durch Europa geführt, er war aber während der allerletzten Woche seiner Tour bei ihr im Bayerischen Wald geblieben, wo sie gemeinsam wanderten, Weißbier tranken und sich überhaupt näherkamen. Nun, nach gefühlten 500 Facebook-Nachrichten, sollte sie also seine Heimat kennenlernen. Sie lächelte verschmitzt: „Ich möchte ihn überreden, dass er sich bei einem deutschen Automobilproduzenten bewerben soll, er ist ja Konstruktionsmonteur." Und abgesehen von einem Leben mit ihr sei es doch der Traum eines jeden aus dieser Branche, für eine deutsche Marke zu arbeiten.

Ihr Name war Nicole und Hannes fand diese reizvolle Mischung aus deutscher Geradlinigkeit und bayerischer Gemütlichkeit äußert charmant. Auch er legte seine Reisemotive dar. Der Grund, warum er in diesem Flieger saß, war ebenso ein junger Herr, doch war die Reise nicht von romantischer Natur: Ein Studienfreund war vor ein paar Jahren auf die Südhalbkugel ausgewandert, hatte sich – wie es sich für einen „typischen" Australier von Welt gehört – einen Geländewagen gekauft, und nun wollten sie gemeinsam einen Roadtrip ins Herzen des Kontinents unternehmen.

„Drei Wochen? Dann sehen wir uns wohl beim Heimflug wieder."
„Ich hoffe es. Mit vollem Herzen und gebräunter Haut."

Fünf Stunden Aufenthalt in Shanghai – also schlenderten sie aus dem Flughafenareal hinaus und direkt in einen der unzähligen Massagesalons, wo sie sich nebeneinander eine Fußmassage gönnten. Ein eigentlich recht intimer Moment, wenn man bedenkt, dass sie sich erst einen Flug lang kannten. Und als Nicole am Flug nach Melbourne sanft an seine Schulter gelehnt eingeschlafen war, fühlte er eine innere Ruhe und ein derart gesundes Maß an Zufriedenheit, dass er sein Herz, das sich eigentlich monatelang auf eine Abenteuerreise gefreut hatte, ein bisschen verfluchte.

Edgar Allan Poe war kein Australier. Hannes, der ein großer Bewunderer dessen Schauergeschichten war, hatte sich ein paar Wochen vor seinem Roadtrip in einem Wiener Café mit Second-Hand-Buchgeschäft einen Band mit der Auswahl seiner besten Gedichte gekauft. Er mochte diese Art von Lyrik, den melancholischen Grundton, den musischen Rhythmus, die bizarren Welten, in die es einzutauchen gilt. Das Buch schien eine glänzende ergänzende Lektüre zur Fahrt ins Herzen eines Wüstenkontinents zu sein.

In der Ankunftshalle trennten sich die Wege schließlich, und als Hannes Nicole ihrem australischen Sunnyboy in die Arme laufen sah, wurde er endlich und ein wenig unsanft auf den Boden der Realität, die in 10 000 Meter Höhe so fern schien, zurückgeholt. Nun hatte er drei Wochen ohne weibliche Verwirrungen vor sich: zwei Männer, ein Auto – und eine Fahrt in die endlose Wüste. Die Strecke von Melbourne in das Red Centre Australiens bietet fließende Übergänge: Die Wolken und die Vegetation werden spärlicher, die Temperaturen steigen, die Anzahl der Autos sinkt, die Raststationen werden schmuddeliger, die Leute naturbelassener, und die Herzen von Reisenden stets voller. Der große amerikanische Dichter kann dies in vier Zeilen viel treffender zum Ausdruck bringen, sinnigerweise heißt der Reim, ein an sich dunkles und düsteres Gedicht, *Dreamland*:

For the heart whose woes are legion
'T is a peaceful, soothing region –
For the spirit that walks in shadow
'T is – oh, 't is an Eldorado!

Einmal nächtigten die beiden in einer größeren Siedlung, einer Bergbaustadt mit dem bildlichen Namen Broken Hill, in deren einziger Bar sie zwei lebenslustige Australierinnen, die zum Scherzen und Trinken aufgelegt waren, kennenlernten. Doch es war zwecklos: So sehr Hannes die Fahrt ins Red Centre genoss, so sehr er sich an den kredenzten Bargetränken mit den beiden Outbackmädels gütlich tat, seine Gedanken wanderten immer wieder in den Flieger, welcher ihn auf diesen Kontinent gebracht hatte. Mit der Australienreise hatte er sich einen Traum erfüllt, träumte aber während dieser von seiner neuen Bekanntschaft. Was ihn wiederum an den Titel eines Poe-Gedichts erinnerte: *A Dream within a Dream*.

Wenn man durch das semiaride Buschland des australischen Outbacks fährt, sieht man immer wieder vereinzelte Gebäude, verkommen zu Ruinen, einstige Domizile von Ranchern oder einfach Leuten, welche die Einsamkeit lieben. An einer dieser verlassenen Liegenschaften stoppten Hannes und sein Kumpel für ein paar Schnappschüsse. Die Bausubstanz war verfallen, die Holzdecke vermodert, die Fenster zersplittert, und innen hatten einige Liebespärchen, welche die Ruine wohl fürs Liebesspiel genutzt hatten, ihre Namen in die bröckelnde Mauer geritzt: Paula ♥ Tim 99; Stacy ♥ Keith 04; Taylor ♥ John 07; Nicole ♥ Matt 15

Bei der letzten krakeligen Gravur spürte Hannes einen Stich im Herz. Voller Wehmut und Wut im Bauch ritzte er seinen eigenen Namen in das kalkige Mauerwerk, ebenfalls mit einem Herzen, in welches er aber einen Pfeil, der sich gnadenlos mittendurch bohrte, gravierte. Verärgert wegen dieses kindischen Verhaltens wollte er zur nächsten Bar fahren und seinen Weltschmerz, der in diesem Moment mit voller Wucht auf ihn drückte, und an dem wohl Edgar Allen Poe mit seinen bizarr-traurigen Gedichten nicht ganz unschuldig war, wegzutrinken. Abermals fühlte er dessen melancholischen Worte:

And thus the sad Soul that here passes
Beholds it but through darkened glasses.

Der anfangs zitierte Spruch von Edgar Allen Poe, an den Hannes beim Check-in dachte, ist im Original noch viel düsterer: Das Poetischste auf der Welt, so der dunkle Dichter, sei der Tod einer schönen Frau. Poes Gedichte handeln oft vom Verlust einer geliebten Dame. Er will uns damit sagen, dass die Bewahrung von Schönheit unerreichbar bleibt, was wiederum zur melancholischen Grundstimmung führt. Und diese spürte Hannes in diesem Moment zum Quadrat: Eine junge bayerische Frau, ein schwermütiger amerikanischer Lyriker und ein altes australisches Mauerwerk verursachten in einem verwirrten österreichischen Reisenden larmoyante Verwirrung – Edgar Allen Poe selbst hätte wohl zarten Genuss aus diesem Dilemma gezogen.

Die nächsten zwei Wochen des Roadtrips verliefen dann doch annähernd so, wie die beiden erhofft hatten. Sie fuhren zuerst in die Wüste, schwitzten, staunten, schwelgten, dann weiter an die Küste, wo sie surften, abermals staunten und den salzigen Ozeanwind inhalierten. Sie machten interessante Bekanntschaften, tranken zu viel Alkohol, bauten ihr

Zelt abends auf und morgens wieder ab, mal alleine unter dem Firmament, mal auf Campingplätzen inmitten gleichgesinnter Abenteurer, wurden von Moskitos gestochen, von Rindern entlang menschenleerer Kieselstraßen begleitet, fotografierten Kängurus und Sandsteinberge, und sinnierten über die alte und die neue Welt. Hannes dachte schon immer weniger an die romantische Liebe. Aber wenn, dann mit solcher Intensität, dass es wehtat.

Den Vorabend des Rückflugs verbrachten die beiden Weggefährten in einem Irish Pub in Melbourne. Hannes dankte seinem Freund für die Reise und versprach, irgendwann wiederzukommen. Dieser lächelte verschmitzt, kramte seine Kamera hervor und offenbarte ein heimlich geschossenes Foto, welches Hannes und seinen schwermütig-kreativen Ausbruch der unerwiderten Liebe zeigte, als dieser seinen Namen mit Amors Pfeil in das verfallene Häuschen geritzt hatte. Er forderte süffisant grinsend das Versprechen ein, dieses missratene Kunstwerk bei der nächsten Australienreise zu korrigieren, soll heißen: von der Mauer zu kratzen. Hannes nickte.

Am nächsten Morgen checkte er am Flughafen Melbourne ein und schlenderte zum Gate. Jedoch keine Nicole. Als die Stewardessen bereits mit dem Boarding begonnen hatten, verflog seine Hoffnung, sie wiederzusehen. Er verstaute seinen Rucksack, kramte die Gedichtsammlung von Poe hervor, lehnte sich zurück und begann zu schmökern. Und auf einmal musste er über seine schmachtenden Hirngespinste schmunzeln: „Ein bisschen gekünsteltes Drama braucht man doch im Leben, ab und zu." Ein bisschen zarte Melancholie, welche durch die Geniestreiche von Poeten à la Poe entflammt wird. Es liegt tatsächlich mehr Schönheit in Traurigkeit als im Glück, diese Erkenntnis ist auch etwas wert. Das heißt nicht, dass es Traurigkeit anzustreben gilt, sondern dass wir unsere traurigen Phasen vielleicht mehr schätzen sollten. *There is no light without darkness.*

Und das ist für uns alle eine wichtige Botschaft dieser Sammlung: Ein gutes Buch muss nicht gleich das ganze Leben umkrempeln und ihm eine entscheidende Wendung verleihen. Verspürt man bei der Lektüre eines Werkes verschiedenste Emotionen, vielleicht sogar Glücksmomente, oder nehmen schöne Gedankengänge ihren Lauf, dann ist die Wirkung schon sehr stark. Dann hat ein Buch das Leben schon bereichert. Und genau diesen Effekt wollte Edgar Allen Poe mit seiner Lyrik bezwecken. Ein Gedicht soll nichts aussagen, sondern etwas auslösen, nämlich Gefühle! Das Lesen an sich muss ein bereicherndes Erlebnis sein – Poe nannte das so treffend „elevating the soul" –, nicht erst die tiefgründige Analyse.

Hannes war gerade dabei, einzudösen, der Airbus war bereits 5 000 Meter in der Luft, als ihm jemand auf die Schulter klopfte.
Er fand, sie sah mit gebräunter Haut noch bezaubernder aus und ihr Lächeln hätte ihn wohl, wäre er nicht im Sitz eines Flugzeugs angeschnallt gewesen, wahrscheinlich umgehauen.
„Du siehst zufrieden aus", musterte sie ihn, „erschöpft aber zufrieden."
„Ja, beides ist wohl zutreffend. Und du siehst gebräunt und zufrieden aus. Das klingt noch besser."
„Ja, geht schon so."
„,Geht so' klingt aber nicht sehr berauschend."

Und so erzählte sie ihm von ihrer Liebesreise, die nach nur drei Tagen ihr Ende gefunden hatte und in einen platonischen

Trip mutiert war, welcher nach einer Woche abermals ein wenig verblasste, sodass die selbstbewusste Bajuwarin selbst auf eigene Faust ein wenig herumreiste und eigentlich genau das machte, was Hannes sich anmaßen wollte: freigeistig herumzuziehen. Sie habe den Urlaub sehr genossen, schloss sie ihre Ausführungen, worauf er sie fragte, ob der Trip dem Zustand ihres Herzens nicht doch ein wenig abträglich gewesen sei. Sie verneinte, er habe ihr trotzdem gutgetan.

Hannes bohrte weiter: „Warum habt ihr beiden dann in dieser verlassenen Ruine Zeugnis eurer frischen Liebe hinterlassen?"

Sie schaute ihn verdutzt an, und während er ein bisschen Klarheit in seine Fragen brachte, lachte sie laut auf und verneinte abermals: „Nein, ich habe während meiner Reise nie ein verlassenes Häuschen besucht."

Schließlich gestand er ihr, dass er sich ob des geritzten Liebesbeweises selbst ein wenig bedauert hatte, weil es doch so schön sein müsse, mit so einer interessanten jungen Dame das Outback Australiens zu bereisen.

Nicole war völlig perplex.

Die folgenden Ereignisse überschlugen sich: In Shanghai genossen die beiden abermals eine Fußmassage. Und als sie in den Flieger nach München stiegen, konnten sie tatsächlich nebeneinandersitzen. Dort nahm Hannes ihre Hand in die seine, sodass andere Reisende hätten meinen können, die beiden seien gerade von einem gemeinsamen Romantikurlaub zurückkehrt.

Das ist eigentlich alles. So hat es begonnen. Diese Geschichte – ja, dieses Buch! – endet so wie viele andere Geschichten: mit einem Anfang.

Edgar Allen Poe
* 19.1.1809 in Boston
† 07.10.1849 in Baltimore

Der vermutlich bedeutendste Vertreter des uramerikanischsten aller Genres, der Kurzgeschichte, war bereits als Dreijähriger Vollwaise und wuchs bei Adoptiveltern auf. Nach kurzzeitigen erfolglosen Phasen als Student und Soldat arbeitete er ab 1835 als Redakteur und Kritiker bei verschiedenen Magazinen. Im zeitlichen Umfeld schrieb er bereits seine bekannten Schauer- und Detektivgeschichten, zum Beispiel *The Fall of the House of Usher* (dt.: *Der Untergang des Hauses Usher*) 1839, und *The Murders in the Rue Morgue* (dt.: *Der Doppelmord in der Rue Morgue*) 1841. Er ist der Meister des Grotesk-Phantastischen, wo die Grenzen zwischen Leben und Tod und zwischen Vernunft und Wahnsinn verschwimmen, oftmals begleitet von seinem Lieblingsmotiv: dem Tod einer schönen jungen Frau. Seine erste Kurzgeschichtensammlung erschien 1840: *Tales of the Grotesque and Arabesque*. Poe gilt auch als glänzender Lyriker, der uns eines der bekanntesten Gedichte des anglophonen Literaturkanons geschenkt hat: *The Raven* (1845). Er beharrte stets darauf, dass Lyrik Emotionen erwecken, dass ein Gedicht musische Wirkung entfalten und dass der Symbolismus eine ästhetische Wirklichkeit erschaffen müsse. Seinen zahlreichen literarischen Fehden in seinem Heimatland, zum Beispiel mit Henry Longfellow, verdankt er seinen posthumen Ruf als alkoholsüchtiger Wahnsinniger, der nur für die Sünde lebte. In Europa jedoch fand er einen prominenten Verehrer, der ihm zu Ruhm verhalf und ihn als Genie feierte, gemeint ist der französische Lyriker Charles Baudelaire. Edgar Allen Poes Tod ist so mysteriös wie seine Geschichten: Er starb 1849 in Baltimore, nachdem er delirierend durch die Straßen gewandelt war.

Nachwort

Schriftsteller*innen beeinflussen einander, prägen einander, treiben sich gegenseitig zu Höchstleistungen. Herman Melville las in der Schiffsbibliothek seines Walfängers Shakespeare und andere Klassiker, und war von deren Tiefgründigkeit so beeindruckt, dass er keine trivialen Abenteuerromane mehr schreiben wollte, sondern seinen gehaltvollen *Moby Dick*. Genau diesen Roman las dann der 17-jährige Jack London und beschloss, wie mein Freund Martin 100 Jahre nach ihm, zur See zu gehen und das Abenteuer zu suchen. An diesen Abenteuern wiederum fand der junge Ernest Hemingway Gefallen, der darüber hinaus seine eigene Legendenbildung an jener Jack Londons orientierte. Und das wiederum beeindruckte den jungen Mann, von dem ich im Vorwort erzählte, so sehr, dass er seinen Job kündigte, um sich ganz dem Schreiben zu widmen. Ja, und ohne meine Begegnung im Hemingway Museum hielten Sie dieses Buch wohl nicht in Ihren Händen!

Lesen verändert unsere Welt, bereichert sie, bietet Ratschlag und macht das Leben lebenswerter, spannender und zauberhafter. Falls Sie ein Buch gelesen haben, welches Ihr Leben nachhaltig beeinflusst bzw. ihm eine entscheidende Wendung verliehen hat, ein Buch, das Sie völlig aus den Socken gehauen und Ihre Welt auf den Kopf gestellt hat, dann melden Sie sich gerne bei mir! Ich sammle weiter, ich möchte noch mehr Geschichten aufschreiben, meine Sammlung soll vor allem vielfältiger und auch zeitgenössischer werden. Ich freue mich auf Sie und auf Ihre Geschichte – und über Ihr Feedback und natürlich Einladungen zu Lesungen und Buchpräsentationen. Schreiben Sie mir einfach unter: findemobydick@gmail.com

Danksagung

Ich danke meinen Eltern und Geschwistern für eigentlich alles: Ihr seid in meinem freigeistigen, zum Teil ein wenig einsamen Leben immer ein rettender Anker. Mein Papa durfte die Veröffentlichung dieses Buches leider nicht mehr erleben, konnte aber während des Schreibprozesses noch einige Geschichten Probe lesen. Besonderer Dank geht an Markus für die erste kritische Durchsicht.

Danke dem „Legendenteam" aus Grazer Zeiten: Ihr habt mich stets dazu animiert, verrückte Anekdoten und gemeinsame Abenteuer aufzuschreiben. Seit meiner Studentenzeit trage ich immer einen Notizblock in meiner Jackentasche.

Ein besonderer Dank geht an Ossy und Toni für die inspirierende Zeit in Australien und an Kraxi, der mich seit Ewigkeiten dazu drängte, endlich dieses Buch zu schreiben.

Vielen Dank an Günther Wildner von der Literaturagentur Wildner! Seit der ersten E-Mail, die ich ihm geschickt habe, hat er sich für dieses Buchprojekt interessiert und das Manuskript mit auf den richtigen Weg gebracht.

Ein großes Danke richte ich auch an den Verlag Anton Pustet, allen voran an Markus Weiglein für sein kompetentes Lektorat und Nadine Kaschnig-Löbel für das großartige Layout.

Vielen Dank Marthe Van de Staey für die kreativen Logo-Ideen und Martin, Firma Viewmedia, für die grafische Umsetzung.

Und tausend Dank natürlich allen, die mir offenherzig jene Geschichten erzählt haben, wie sie in diesem Buch niedergeschrieben sind: Ich hoffe, sie werden viele Menschen zum Lesen von Büchern inspirieren!

Literatur und Quellen

In den Geschichten finden sich zuweilen kurze Zitate aus anderweitiger Literatur. Dutzende Telefonate wurden mit literarischen Gesellschaften und Verlagen geführt sowie zahlreiche E-Mails geschrieben. In den meisten Fällen wurden meine Anfragen offenherzig und kompetent beantwortet bzw. wurde mir unbürokratisch die Genehmigung zum Zitieren erteilt. In der folgenden Liste finden sich die genauen Nachweise, darüber hinaus auch Empfehlungen zur weiterführenden Literatur.

Mit Moby Dick aufs Containerschiff
Das Zitat von D. H. Lawrence stammt aus seinem Essay über *Moby Dick*, veröffentlicht in *Studies in Classic American Literature* (1923). Der gesamte Text ist online abrufbar unter: https://www.gutenberg.org/ebooks/60547 (zuletzt abgerufen am 17.02.2022).
Folgende Melville-Biografie ist äußerst unterhaltsam und informativ: Andrew Delbanco: *Melville – His World and Work*. Vintage Books: New York, 2005.

Von Rivendell nach Ried im Innkreis
Siehe etwa folgende Ausgabe: J. R. R. Tolkien: *The Fellowship of the Ring (The Lord of the Rings, Book 1)*. Harper Collins: London, 2007.
Über die faszinierende Welt der Kunstsprachen hat der österreichische Schriftsteller Clemens J. Setz ein kurzweiliges Buch verfasst: *Die Bienen und das Unsichtbare*. Suhrkamp: Berlin, 2020.
Für seine humorvollen Begegnungen mit der deutschen Sprache siehe etwa Mark Twain: *The Awful German Language / Die schreckliche deutsche Sprache*. Nikol Verlag: Hamburg, 2009.

Von Rudolfsheim nach Rishikesh
Das hervorgehobene Hesse-Zitat am Beginn der Geschichte stammt aus einer seiner Buchbesprechungen – hier: über den Schweizer Autor Emil Roniger – in der Zeitschrift *Vivos voco* vom Oktober 1919 (Hermann Hesse: *Sämtliche Werke*, Band 18. Suhrkamp: Frankfurt am Main, 2015, S. 90). Mein Dank geht an die Internationale Hermann Hesse Gesellschaft e. V. für die Auskunft zu Quelle und Urheberrecht.
Die Worte Thomas Manns in der Autorenbiografie finden sich in einem Brief an Hermann Hesse vom 3. Jänner 1928, zit. nach: https://kurier.at/

kultur/der-steppenwolf-von-hermann-hesse/714.931 (zuletzt abgerufen am 17.02.2022).

Von Rohrbach nach Rapa Nui
Christoph Ransmayr: *Atlas eines ängstlichen Mannes*. S. Fischer Verlag: Frankfurt am Main, 2012. Das Eröffnungszitat findet sich auf Seite 456, das Zitat am Ende der Geschichte aus dem Vorwort auf Seite 5. Abgedruckt mit freundlicher Genehmigung des Verlags.
Die Zuschreibung „Grenzgänger und Dichter" (Reinhold Messner) und „Halbnomade" finden sich in einer Rezension des *Atlas eines ängstlichen Mannes* von Volker Hage, erschienen im Magazin *Der Spiegel* 44/2012 unter dem Titel: „Grenzgänger im Ewigen Eis".
Auch Reinhold Messner selbst hat ein inspirierendes Buch geschrieben, in dem er mit sieben Jahrzehnten Lebenserfahrung auf unzählige Expeditionen zurückblickt: *Über Leben*. Piper Verlag: München, 2014.

Sprachkurs in Hogwarts
Siehe etwa folgende Ausgabe: J. K. Rowling: *Harry Potter and the Philosopher's Stone*. Bloomsbury Publishing: London, 2000.

Telegraph Highway
Eröffnungszitat aus John Steinbecks Roman *The Grapes of Wrath* (1939), zu finden etwa in: *The Grapes of Wrath*. Penguin Classics: London, 2000, S. 168. Ein Dank geht an das Martha Heasley Cox Center for Steinbeck Studies in San José für die Auskunft und Genehmigung. Für das Statement Bill Brysons nach der Rückkehr von seinem Roadtrip („for the first time …") siehe Bill Bryson: *The Lost Continent: Travels in Small-Town America*. Harper Perennial: New York, 2001, S. 299.

Keep on Rocking
Eröffnungszitat aus: Bruce Dickinson: *What Does This Button Do?* HarperCollins Publishers: London, 2017, S. 79. Abgedruckt mit freundlicher Genehmigung von Phantom Music Management und HarperCollins. (Die amüsante Panne beim Gig in Rio kann übrigens auf S. 169 f. nachgelesen werden!)

Der verschmähte Englischlehrer
Siehe etwa folgende Ausgabe: Margaret Atwood: *The Handmaid's Tale*. Anchor Books: New York, 1998.

Sehr aufschlussreich und kurzweilig ist die Fortsetzung des Romans: Margaret Atwood: *The Testaments*. Random House: London, 2019. Das Zitat Václav Havels gegen Ende der Geschichte entstammt seiner Rede am Prager Wenzelsplatz im November 1989 und lautet im Original so: „Pravda a láska musí zvítězit nad lží a nenávistí."

Geschichtsunterricht von unten

Bei dem am Anfang der Geschichte erwähnten Buch handelt es sich um eine persönliche und informative Schilderung der Jahre nach dem Fall des Eisernen Vorhangs: Marci Shore: *The Taste of Ashes. The Afterlife of Totalitarianism in Eastern Europe*. Windmill Books: London, 2014. Die zitierte Stelle findet sich im Vorwort auf Seite xi.
Für die Kurzzitate siehe: Swetlana Alexijewitsch: *Secondhand-Zeit. Leben auf den Trümmern des Sozialismus*. Suhrkamp Taschenbuch: München, 2015. Das Zitat am Beginn der Geschichte („Wir alle …") findet sich auf Seite 9, jenes am Ende („Ich staune immer wieder …") und die eigene Zuschreibung „Menschenforscherin" sind auf Seite 13 auffindbar.
Die in der Kurzbiografie zitierte Begründung für die Verleihung des Nobelpreises ist auf der offiziellen Nobelpreis-Website nachzulesen: https://www.nobelprize.org/prizes/literature/2015/summary (zuletzt abgerufen am 01.03.2022).

Tiefenentspannung auf den Cook-Inseln

Das Eröffnungszitat stammt aus Robert Louis Stevensons Südseememoiren *In the South Seas* (1896). Online abrufbar unter: https://www.gutenberg.org/files/464/464-h/464-h.htm (zuletzt abgerufen am 01.03.2022). Für eine Ausgabe in Buchform siehe etwa: Robert Louis Stevenson: *In the South Seas*. Penguin Popular Classics: London, 1998. Wer sich geographisch und kulturhistorisch für den Pazifischen Ozean und seine Inselwelt interessiert, dem sei folgende Lektüre empfohlen: Simon Winchester: *Pacific – The Ocean of the Future*. Harper Collins: London, 2016.

Die Pferdeflüsterin

Das Eröffnungszitat stammt aus Jack London: *White Fang* (1906). Abrufbar etwa unter https://www.gutenberg.org/files/910/910-h/910-h.htm (zuletzt abgerufen am 01.03.2022).
Für Zitate im ersten Absatz der Geschichte und in der Kurzbiografie siehe: Rüdiger Barth und Marc Bielefeld: *Wilde Dichter. Die größten*

Abenteurer der Weltliteratur. Piper Verlag: München, 2008, S. 77 u. 108. Für eine deutsche Übersetzung des Romans siehe etwa: Jack London: *Wolfsblut*. cbj Verlag: München, 2005. Die Übersetzung „ein blutdürstiges Geschöpf" stammt aus dieser Ausgabe.

Den Begriff „nature faker" verwendete Theodore Roosevelt in einem Beitrag für die Zeitschrift *Everybody's Magazine*, Band 17 (1907).

Über das Universum an die Universität

Eröffnungszitat aus: Stephen Hawking: *Eine kurze Geschichte der Zeit*. Rowohlt Taschenbuch Verlag: Reinbek bei Hamburg, 2020, Seite 26. Abgedruckt mit freundlicher Genehmigung des Verlags.

Die Lyrikzeilen stammen aus Robert Frosts Gedicht *The Road not Taken* (erstmals veröffentlicht 1915). Eine große Auswahl seiner Gedichte findet sich u. a. hier: https://www.gutenberg.org/ebooks/author/1091 (zuletzt abgerufen am 01.03.2022). Siehe etwa auch Robert Frost: *Poems*. St. Martin's Press: New York, 2002.

Wer die Gedichte von Robert Frost gerne in deutscher Übersetzung lesen möchte, dem sei folgende zweisprachige Ausgabe empfohlen: Robert Frost. *Promises to keep. Poems. Gedichte*. Übersetzt von Lars Vollert. C. H. Beck: München, 2016.

Die in der Kurzbiografie zitierte Zeile „I had a lover's quarrel …" findet sich auch auf seinem Grabstein in Bennington, Vermont.

Politische Bildung am Bauernhof

Siehe zum Beispiel folgende Ausgabe: George Orwell: *Animal Farm*. London: Penguin Books, 2008.

Eröffnungszitat direkt aus *Animal Farm* (Ausgabe: 1944). Mein Dank geht an The Orwell Society für die Auskunft zum Urheberrecht.

Die Aussage „Men are weak" des Elbenkönigs Elrond findet sich u. a. auch in der Roman-Verfilmung *The Fellowship of the Ring* (2001).

George Orwell beschreibt seine Herkunft als „lower-upper-middle class" am Beginn von Kapitel 8 (Teil 2) seines folgenden Buches, das in der folgenden Ausgabe ans Herz gelegt wird: George Orwell: *The Road to Wigan Pier*. Penguin Books: London, 2001.

Post-mortem Gambit

Die Novelle ist u. a. in folgender Ausgabe zu empfehlen: Stefan Zweig: *Schachnovelle und andere Erzählungen*. Anaconda Verlag: Köln, 2018. Das Eröffnungszitat findet sich auf S. 356. Mein Dank geht an die

Internationale Stefan Zweig Gesellschaft in Salzburg für die Auskunft zu den Urheberrechten. Die in der Kurzbiografie zitierte Zeile stammt aus Stefan Zweigs Abschiedsbrief und ist u. a. als Faksimile abrufbar unter https://de.wikisource.org/wiki/Abschiedsbrief_Stefan_Zweigs (zuletzt abgerufen am 26.02.2022).

Treffpunkt Schlachthof
Siehe etwa folgende Ausgabe: Christiane F.: *Wir Kinder vom Bahnhof Zoo*. Hamburg: Carlsen Verlag, 2009.
Die nach der Autorin benannte Christiane F. Foundation ist eine Anlaufstelle für Suchtprävention und bietet Beratung für Eltern und Jugendliche sowie Projekte an Schulen an: https://f-foundation.org/.
Das Zitat in der Kurzbiografie findet sich in Christiane F.: *Mein zweites Leben*. Kampenwand Verlag: Vachendorf, 2014.

Echte Knickerbocker lassen niemals locker
Eröffnungszitat aus: Thomas Brezina: *Die Knickerbocker Bande, Erster Band – Rätsel um das Schneemonster*. Ravensburg: Ravensburger Buchverlag, 2015, S. 37. Abgedruckt mit freundlicher Genehmigung der Tom Storyteller GmbH.
Die zitierte Aussage in der Biografie entstammt einem Artikel von Nadja Kwapil in der deutschen Wochenzeitung DIE ZEIT, Nr. 37/2017. Online abrufbar unter: https://www.zeit.de/serie/das-oesterreichportraet (zuletzt abgerufen am 01.03.2022).
Fabiennes Interview mit Thomas Brezina für den commUNIty Blog der Universität Salzburg findet sich hier: https://blog.plus.ac.at/2018/10/31/ein-interview-mit-einem-echten-knickerbocker (zuletzt abgerufen am 26.02.2022).

Die Schranken der Freiheit
Eröffnungszitat aus: Marlen Haushofer: *Die Wand*. List Taschenbuch. Ullstein Verlag: Berlin, 2017. Abgedruckt mit freundlicher Genehmigung des Verlags.
Das zweite Eröffnungszitat stammt aus einem Gedicht von Silvana Schneider. Abgedruckt mit freundlicher Genehmigung der Autorin und zu finden auf ihrer Website: https://silvanaschneider.de.tl/.
Das Zitat auf S. 127 findet sich unter anderem im Feuilletonteil der *Wiener Zeitung* vom 10. April 2020, im Beitrag von Christa Hager: *Die Haushofer aus der Provinz*.

Das Zitat in der Kurzbiografie findet sich auf S. 260 aus dem Nachwort von Klaus Antes in der oben erwähnten Ausgabe von *Die Wand*.

Von Vampiren, Massagesalons und leeren Gräbern

Das Eröffnungszitat stammt aus dem Tagebucheintrag Jonathan Harkers vom 5. Mai in Bram Stokers *Dracula* (1897). Online abrufbar unter: https://www.gutenberg.org/files/345/345-h/345-h.htm (zuletzt abgerufen am 26.02.2022). In Buchform siehe etwa: Bram Stoker: *Dracula*. Wordsworth Editions: Ware, 2000.

Folgendes Büchlein eines transsilvanischen Historikers geht dem Mythos Dracula auf die Spur – es ist äußerst informativ und die in der Geschichte erwähnte und zum Teil zitierte Lambacher Handschrift ist ganzseitig auf S. 37 abgedruckt: Michael Kroner: *Dracula – Wahrheit, Mythos und Vampirgeschäft*. Johannis Reeg Verlag: Heilbronn, 2005.

Ärztin aus Leidenschaft

Eröffnungszitat aus: Elaine N. Aron: *Sind Sie hochsensibel?* (übersetzt von Cornelia Preuß). MVG Verlag: München, 2014, S. 31. Abgedruckt mit freundlicher Genehmigung des Verlags.

Das Zitat um die „Highly sensitive people …" findet sich u. a. auf der Website der Autorin: https://hsperson.com/books/the-highly-sensitive-person/ (zuletzt abgerufen am 26.02.2022).

Die von Elaine N. Aron stammende Definition von „Hochsensibilität" findet sich auch im Wikipedia-Eintrag zu diesem Begriff: https://de.wikipedia.org/wiki/Hochsensibilität (zuletzt abgerufen am 02.03.2022).

Lawson's Greek

Besten Dank an die Henry Lawson Society für die Aufklärung zu den Urheberrechten. Diese Gesellschaft gibt unter anderem vierteljährlich die Literaturzeitschrift *The Lawsonian* heraus (http://henrylawsonsociety.org/). Die in der Geschichte zitierten Zeilen stammen aus folgenden Gedichten: *Wide lies Australia* (Eröffnungszitat), *The Rovers* und *The Ballad of the Drover*.

Die Gedichte von Henry Lawson finden sich auf zahlreichen Webseiten, unter anderem auf: https://www.gutenberg.org/ebooks/author/119 (zuletzt abgerufen am 02.03.2022).

In Buchform siehe etwa: *The Poetical Works of Henry Lawson*. Angus & Robertson Publishers: North Ryde, NSW, 1984.

Abschiedslektüre
Die Gedichte von Emily Dickinson finden sich u. a. auf: https://www.gutenberg.org/files/12242/12242-h/12242-h.htm (zuletzt abgerufen am 02.03.2022). Deutsche Übersetzungen der Gedichte in: *Emily Dickinson. Gedichte englisch und deutsch*: übersetzt von Gunhild Kübler. Fischer Taschenbuch Verlag: Frankfurt am Main, 2015.
Die Aussage „I might be lonlier …" im ersten Absatz wurde aus dem Vorwort der folgenden Ausgabe zitiert: *The Selected Poems of Emily Dickinson*. Wordsworth Poetry Library: Ware, 1994, S. vi.
Folgende Biografie versucht dem Mysterium Emily Dickinson auf die Spur zu kommen: Jerome Charyn: *A Loaded Gun. Emily Dickinson for the 21st Century*. Bellevue Literary Press: New York, 2016.

Der Kastanienbaum
Mein Dank geht an die John Clare Society für die Aufklärung bezüglich des Urheberrechts. Die vier Zeilen am Anfang stammen aus dem Gedicht *O Langley Bush*. Hier eine Übersetzung des Gedichts von mir selbst: *O Langley Bush! Du ehrwürdiger Schäfer Schatten, / oftmals hab ich deinen hohlen Stamm geschaut, / oftmals macht ich über die Heidelandschaft Fahrten, / denn solch eigentümliche Dinge sind meinem Aug vertraut. / Mein letzter Blick verweilt auf deinem Geäst mit Schmerzen / so wie alte Kumpanen, die niemals mehr gemeinsam scherzen.*
Für eine Auswahl seiner besten Gedichte in Buchform siehe etwa: John Clare: *Poems selected by Paul Farley*. Faber and Faber: London, 2007.
Die in der Geschichte zitierten Gedichte sind folgende: *O Langley Bush, A fallen Elm, Summer Evening* und *I am*.
Eine Übersetzung der letzten Strophe des Gedichts *I Am* stammt von Josef Riga, veröffentlicht auf www.sonett-archiv.com, und darf mit freundlicher Genehmigung hier an dieser Stelle abgedruckt werden: *Ich sehne mich nach dem, was nie betreten / Wo keine Frau mehr lächelt oder weint, / Dort möchte ich zu Gott, dem Schöpfer treten, / Im Schlaf wie mit der Kindheit süß vereint, / Die ungebor'nen Ideen aufgesucht – / So legt ins Gras mich, über mir nur Luft.*
Die Zuschreibung „peasant poet" findet sich u. a. bei Michael Schmidt: *Lives of the Poets*. Phoenix: London, 1999, S. 453.

Byronische Balz am Bosporus
Die Übersetzungen des Gedichts *When we two parted* („Als wir uns trennten") und von *Don Juan* sind jene von Otto Gildemeister

(1823–1902) und ursprünglich erschienen im Reimer Verlag in Berlin. Danke an den Verlag für die Auskunft zum Urheberrecht. Zu finden sind diese und viele andere glänzende Übersetzungen unter anderem im Bibliotheksarchiv der University of Pennsylvania: https://onlinebooks.library.upenn.edu/. Die Übersetzung von *When we two parted* findet sich auch in: *Die schönsten Liebesgedichte.* Herausgegeben von Patrick Hutsch. Fischer Taschenbuch Verlag: Frankfurt am Main, 2010. Und für die Übersetzung von *Don Juan* siehe etwa: George Gordon Lord Byron. *Don Juan.* Übersetzt von Otto Gildemeister. Edition Holzinger. CreateSpace Independent Publishing Platform: Berlin, 2017.

Die Zuschreibung „mad, bad and dangerous to know" findet sich in unzähligen Quellen, zum Beispiel in dieser Glosse in der *New York Times* vom 01.04.1989: https://www.nytimes.com/1989/04/01/opinion/l-how-lord-byron-became-mad-bad-and-dangerous-to-know-476989.html (zuletzt abgerufen am 02.03.2022).

Eine äußerst unterhaltsame fiktionale Biografie Lord Byrons ist jene: Robert Nye: *The Memoirs of Lord Byron.* Abacus Books: London, 1991.

Eine Sternstunde der Menschheit

Die zitierten Zeilen sind alle aus der *Marienbader Elegie.* Besten Dank an die Goethe-Gesellschaft in Weimar für die Auskunft zu den Urheberrechten. Das Gedicht findet sich u. a. in folgender Ausgabe mit den Original-Handschriften von Goethe: Goethe: *Gedichte in Handschriften.* Insel Taschenbuch Verlag: Frankfurt am Main und Leipzig, 1999. Folgende Goethe-Biografie ist sehr umfangreich und exzellent recherchiert: Rüdiger Safranski: *Goethe. Kunstwerk des Lebens.* Fischer Taschenbuch Verlag: Frankfurt am Main, 2019.

Außerdem ist unbedingt die entsprechende geschichtliche Miniatur in Stefan Zweigs *Sternstunden der Menschheit* zu empfehlen.

Das Zitat „Beauty is truth, truth beauty" findet sich im bekannten Gedicht John Keats *Ode on a Grecian Urn.*

Eine schöne Auswahl seiner Gedichte bietet folgende Ausgabe: *Poems of John Keats.* Selected and introduced by Claire Tomalin. Penguin Classics: London, 2009.

Sky Lounge

Das Eröffnungszitat stammt aus dem 9. Kapitel des Romans *Wuthering Heights* (1847), online zu finden auf: https://www.gutenberg.org/

files/768/768-h/768-h.htm (zuletzt abgerufen am 28.02.2022).
Für eine Ausgabe in Buchform siehe etwa Emily Brontë: *Wuthering Heights*. Penguin Popular Classics: London, 1994.

Thai in Vindobona
Für das Eröffnungszitat siehe: Thomas Mann: *Der Tod in Venedig*. Fischer Verlag: Frankfurt am Main, 1971, S. 43. Weitere Zitate: „Sie beglückt …" auf S. 17 und „griechische Bildwerke aus edelster Zeit" auf S. 26. Abgedruckt mit freundlicher Genehmigung des Verlags.

Der „Literaturpapst" hat uns ein kurzweiliges Buch über Thomas Mann und seine Familie geschenkt: Marcel Reich-Ranicki: *Thomas Mann und die Seinen*. Fischer Taschenbuch Verlag: Frankfurt am Main, 2015. Die Zuschreibung „Zauberer" für Thomas Mann findet sich in diesem Buch auf S. 386.

Für die Selbstbeschreibung als „lyrisch-dramatischer Dichter" siehe etwa Thomas Klugkist: *49 Fragen und Antworten zu Thomas Mann*. Fischer Taschenbuch Verlag: Frankfurt am Main, 2005, S. 97.

„Wo ich bin, da ist die deutsche Kultur": Dieses Zitat findet sich u. a. in einem Artikel von Philipp Tingler vom 13. August 2013 im Tagesanzeiger: https://blog.tagesanzeiger.ch/tingler/index.php/6984/ironische-reserve-zum-stil-von-thomas-mann/ (zuletzt abgerufen am 28.02.2022).

Der peruanische Schriftsteller Mario Vargas Llosa erwähnt Thomas Mann als Vorbild sogar in seiner Rede zur Verleihung des Literaturnobelpreises 2010: https://www.nobelprize.org/prizes/literature/2010/vargas_llosa/lecture/ (zuletzt abgerufen am 26.02.2022).

Das Dilemma des böhmischen Lebemannes
Eröffnungszitat abgedruckt mit freundlicher Genehmigung von John Goosmann von Magus Books. Für eine Buchausgabe siehe etwa: John Fowles: *The French Lieutenant's Woman*. London: Penguin Vintage Classics, 1996.

Das Zitat „I have a great deal …" stammt aus einem Interview mit John Fowles, veröffentlicht von Adam Lee-Potter in der *The Guardian* am 12. Oktober 2003: https://www.theguardian.com/books/2003/oct/12/biography.johnfowles1 (zuletzt abgerufen am 27.02.2022).

Das Zitat am Ende der Kurzbiografie stammt aus John Fowles: *The Magus*. London: Penguin Vintage Classics, 2008.

Nicht über die Türschwelle!
Die Übersetzung des Petrarca-Sonetts ist jene von August Wilhelm Schlegel (1767–1845). Zu finden ist sie unter anderem in diesem Büchlein: *Francesco Petrarca. Liebesgedichte.* Herausgegeben von Ulla Hahn. Reclam: Stuttgart, 2011.

Von der Wüste über die Wolken
Das Zitat, auf das in der Geschichte Bezug genommen wird, stammt aus Poes Essay *The Philosophy of Composition* (1846), online zu finden etwa hier: https://www.gutenberg.org/ebooks/55749 (zuletzt abgerufen am 02.03.2022).
Für deutsche Übersetzungen seiner Gedichte siehe etwa: Edgar Allan Poe. *Gedichte.* Edition Holzinger. CreateSpace Independent Publishing Platform: Berlin, 2016.
Das Zitat „elevating the soul" stammt aus Poes Essay *The Poetic Principle* (1850).

Allgemeine Literaturempfehlungen

Wer sich für Dichter*innenbiografien interessiert, dem möchte ich folgende Bücher als vertiefende Lektüre ans Herz legen. Sie sind ausgesprochen informativ und kurzweilig:

Rüdiger Barth und Marc Bielefeld: *Wilde Dichter. Die größten Abenteurer der Weltliteratur.* Piper Verlag: München, 2008.
Michael Schmidt: *Lives of the Poets.* Phoenix: London, 1999.

Ebenfalls empfehlen möchte ich zwei weitere Bücher – das eine bietet unzählige Lektüreempfehlungen für jede erdenkliche Lebenslage, im anderen liefert ein Buchhändler aus Canterbury zahlreiche humorvolle Anekdoten rund um das Thema „Buchliebe":

Ella Berthoud und Susan Elderkin: *The Novel Cure. An A-Z of Literary Remedies.* Canongate Books: Edinburgh, 2013.
(auf Deutsch erschienen unter dem Titel: *Die Romantherapie*)
Martin Latham: *The Bookseller's Tale.* Penguin Books: London, 2021.
(auf Deutsch erschienen unter dem Titel: *Vom Glück zu lesen*)

Roland Schwarz
MMag., geboren und aufgewachsen in Oberösterreich, ist Lehrer für Englisch, Geografie und Deutsch als Fremdsprache. Er studierte in Graz, Oxford und Ljubljana. Die Reiselust ist ihm nach dem Studium geblieben. Er lehrte in den USA, kehrte danach für längere Zeit nach Oberösterreich zurück und unterrichtet momentan an der Österreichischen Schule in Prag. Bücher sind seine große Leidenschaft und es ist ihm ein Anliegen, diese an möglichst viele Menschen weiterzugeben.
Foto: © Yves Van de Weghe

Call to Action:
Schreiben Sie Roland Schwarz und erzählen Sie ihm von dem Buch, das Sie nachhaltig beeinflusst hat!
findemobydick@gmail.com

Über 600 weitere erstklassige Bücher finden Sie auf www.pustet.at